Willkommen in Deutschland

Mathematik I

Für Kinder nicht deutscher Herkunft

Das Übungsheft

Nina Simon · Hendrik Simon

Name: _____

Klasse: _____

Bestell-Nr. 1504-56 · ISBN 978-3-619-15456-2
© 2017 Mildenberger Verlag GmbH, 77610 Offenburg
www.mildenberger-verlag.de
E-Mail: info@mildenberger-verlag.de
Auflage 5   4   3   2
Jahr 2024 2023 2022 2021

Das Werk und seine Teile sind urheberrechtlich geschützt. Jede Nutzung in anderen als den gesetzlich zugelassenen Fällen bedarf der vorherigen schriftlichen Einwilligung des Verlages. Hinweis zu § 52a UrhG: Weder das Werk noch seine Teile dürfen ohne eine solche Einwilligung eingescannt und in ein Netzwerk eingestellt werden. Dies gilt auch für Intranets von Schulen und sonstigen Bildungseinrichtungen.

Redaktion: Sebastian Tonner
Illustrationen: tiff.any GmbH, Berlin / Jennifer Wenzel
Layoutkonzeption: tiff.any GmbH, Berlin
Gestaltung und Satz: tiff.any GmbH, Berlin
Druck: B&K Offsetdruck GmbH, 77833 Ottersweier

Ziffern kennenlernen

1 Male alle Ziffern an.

Verbinde.

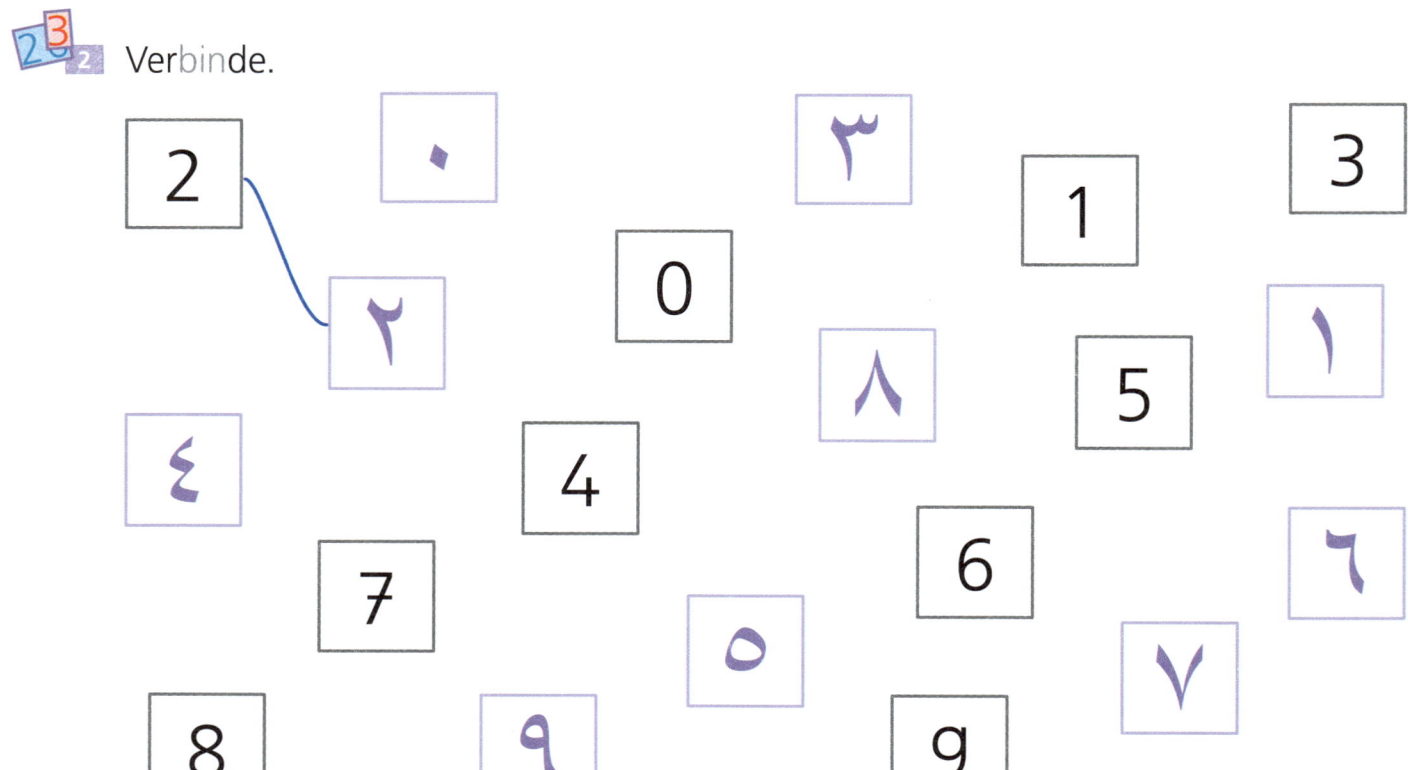

1 Male an oder streiche durch.

1	3̶	5	ⵏ	3	4	4̷	2	3̶	5
2̷	3	4̷	3	1	5	ⵏ	5̷	4	4̷
5	2̷	3	5̷	4	1	ⵏ	4̷	4̷	2

2 Schreibe die Ziffern.

1	1	1	1	1			1 1 1
2	2	2	2	2			1 2 2 2 2
3	3	3	3	3			3 3 3 3
4	4	4	4	4			4 4 4 4
5	5	5	5	5			5 5 5 5

3 Zähle und trage die Zahl ein.

    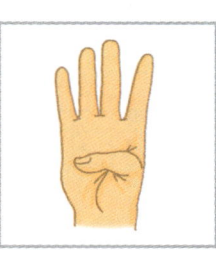

4 Trage die Zahl ein oder zeichne.

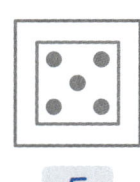 3 — ٣

 5

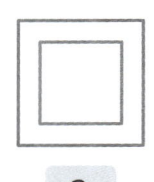 4 2

 ⵏ

 5

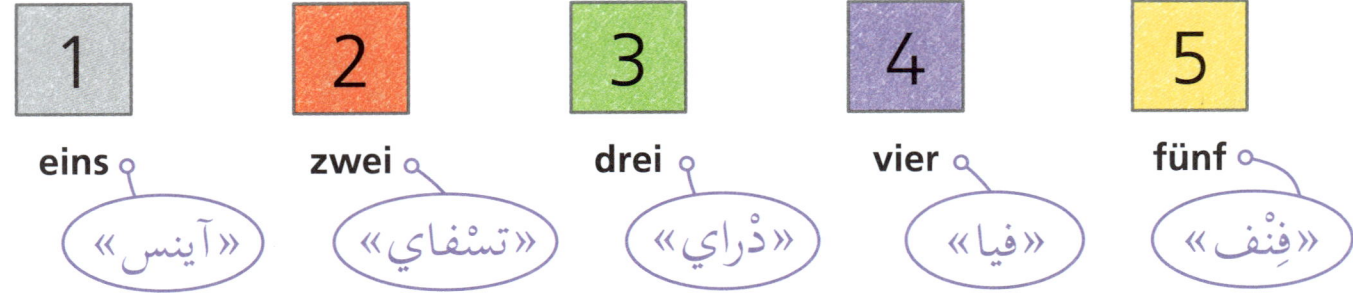

1	2	3	4	5
eins	zwei	drei	vier	fünf
«آينس»	«تسْفاي»	«دْراي»	«فيا»	«فِنْف»

1 Zähle, trage ein und verbinde.

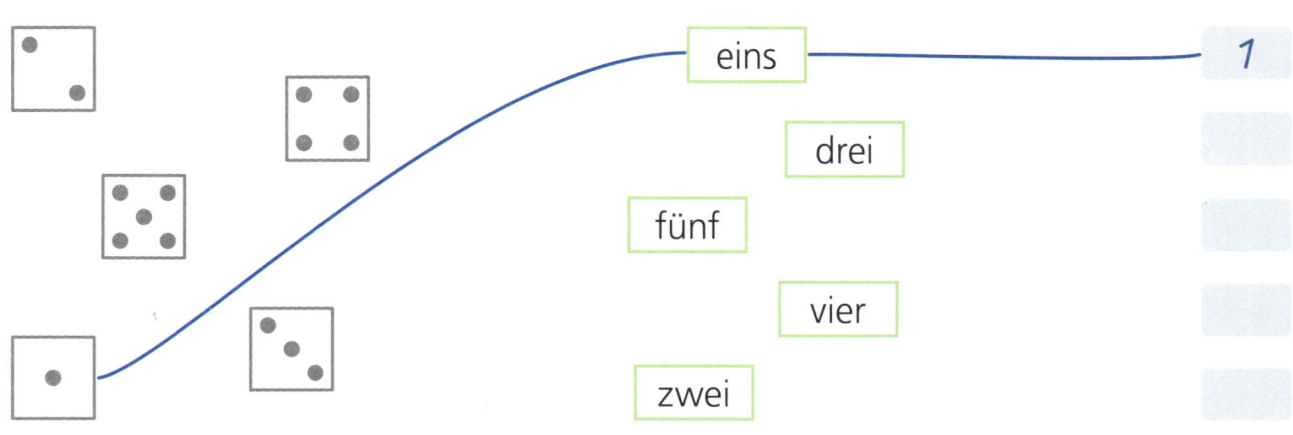

vier Fahrräder   ein Sandkasten

fünf Eimer   zwei Wippen   drei Schaukeln

2 Verbinde und trage die Zahl ein.

eins — 1

drei

fünf

vier

zwei

1 Male an oder streiche durch.

6	~~ə~~		7	~~7~~

	8	

	9	~~ɕ~~

0		

ɕ	6	9	8	Ƨ	⅂	0	6	ə	⅂
0	ə	6	Ƨ	9	ɕ	9	Ƨ	6	ɕ
ə	⅂	8	0	ə	8	6	⅂	ə	0

2 Schreibe die Ziffern.

6	6	6	6	6			6 6 6
							6
7	7	7	7	7			7 7 7
							7
8	8	8	8	8			8 8 8
							8
9	9	9	9	9			9 9 9
							9
0	0	0	0	0			0 0 0
							0

3 Zähle und trage die Zahl ein.

    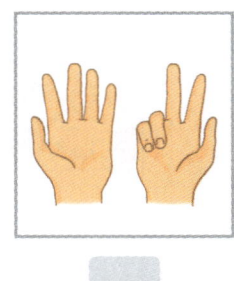

4 Trage die Zahl ein oder zeichne.

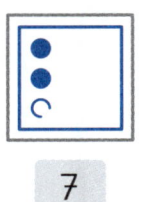
7

6

8

0

8

6	7	8	9	10
sechs	sieben	acht	neun	zehn
«زْيكْس»	«زِيْبن»	«آخْت»	«نوْين»	«تِسِن»

1 Zähle oder male an.

sechs

neun

fünf

6

2 Verbinde.

sieben

6

5

1

neun

3

acht

vier

zehn

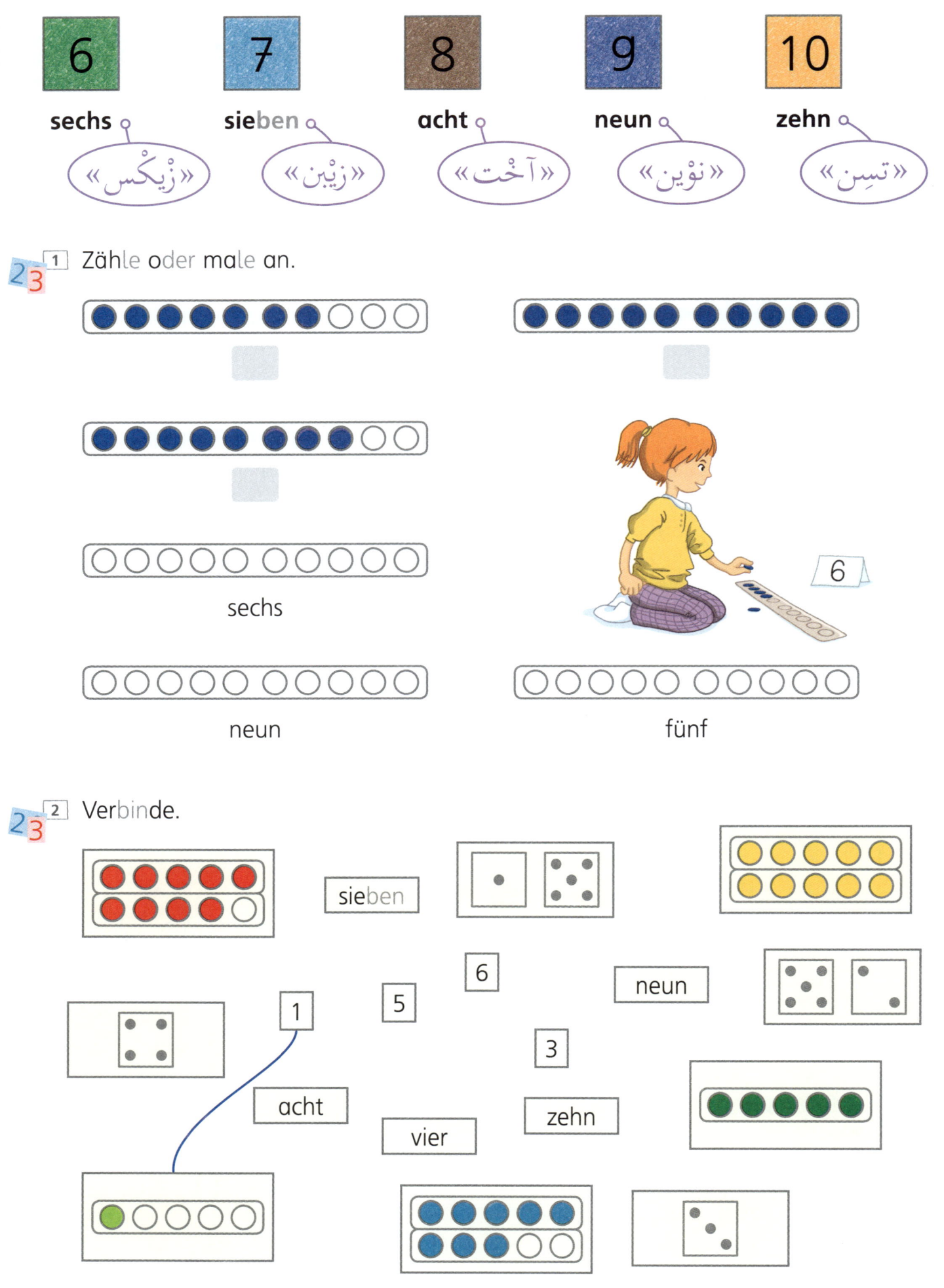

Kreis — «كْرايس»

Quadrat — «كْفادرات»

Rechteck — «رِشْتِإك»

Dreieck — «درايْإك»

rot — «رُوت»

gelb — «غِيلْب»

blau — «بلاو»

orange — «أوْرانج»

grün — «غرون»

lila — «لِيلا»

1 Male an.

Das Quadrat ist blau.
Das Rechteck ist rot.
Der Kreis ist lila.
Das Dreieck ist orange.

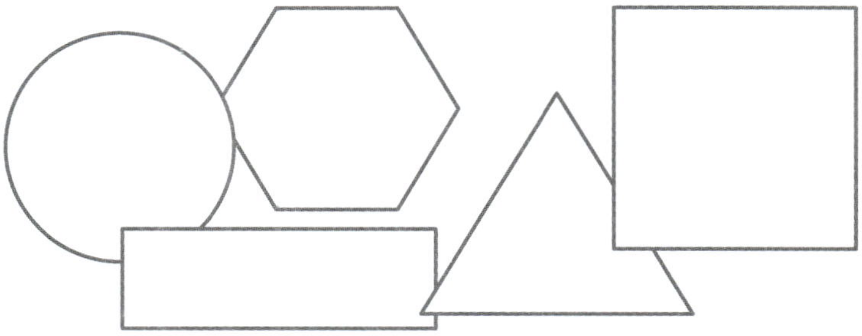

2 Verbinde.

Kreis   grün   Quadrat

blau   orange   gelb

Rechteck   Dreieck

3 Zähle und trage ein.

3 gelbe Quadrate

grüne Quadrate

rote Rechtecke

grüne Dreiecke

blaue Kreise

Quadrate

Kreise

Dreiecke

Rechtecke

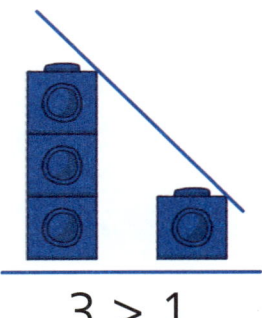

3 > 1

3 ist größer als 1

«إِسْت غْرُوسَر أَلْس»

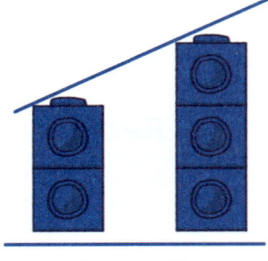

2 < 3

2 ist kleiner als 3

«إِسْت كلايْنَر أَلْس»

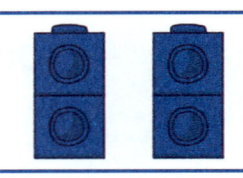

2 = 2

2 ist gleich 2

«إِسْت غْلايش»

---

1 Trage die Zahlen und das Zeichen ein.

3 < 4   ⬜ ⚪ ⬜   ⬜ ⚪ ⬜   ⬜ ⚪ ⬜

---

2 Trage >, < oder = ein.

 < 6   4 ⚪ drei   neun ⚪ sieben

8 ⚪ zehn   eins ⚪ 1   sechs ⚪

 ⚪ neun   zehn ⚪ zwei

---

3 Trage passende Zahlen und >, < oder = ein.

٣ ⚪ 4   zehn ⚪ ٧   ⬜ > ⬜

8 ⚪ ٨   ٢ ⚪ acht   ⬜ ⚪ ٤

3 > ⬜   ⬜ = vier   ⬜ < ⬜

⬜ > ٦   sechs = ⬜   ⬜ ⚪ ⬜

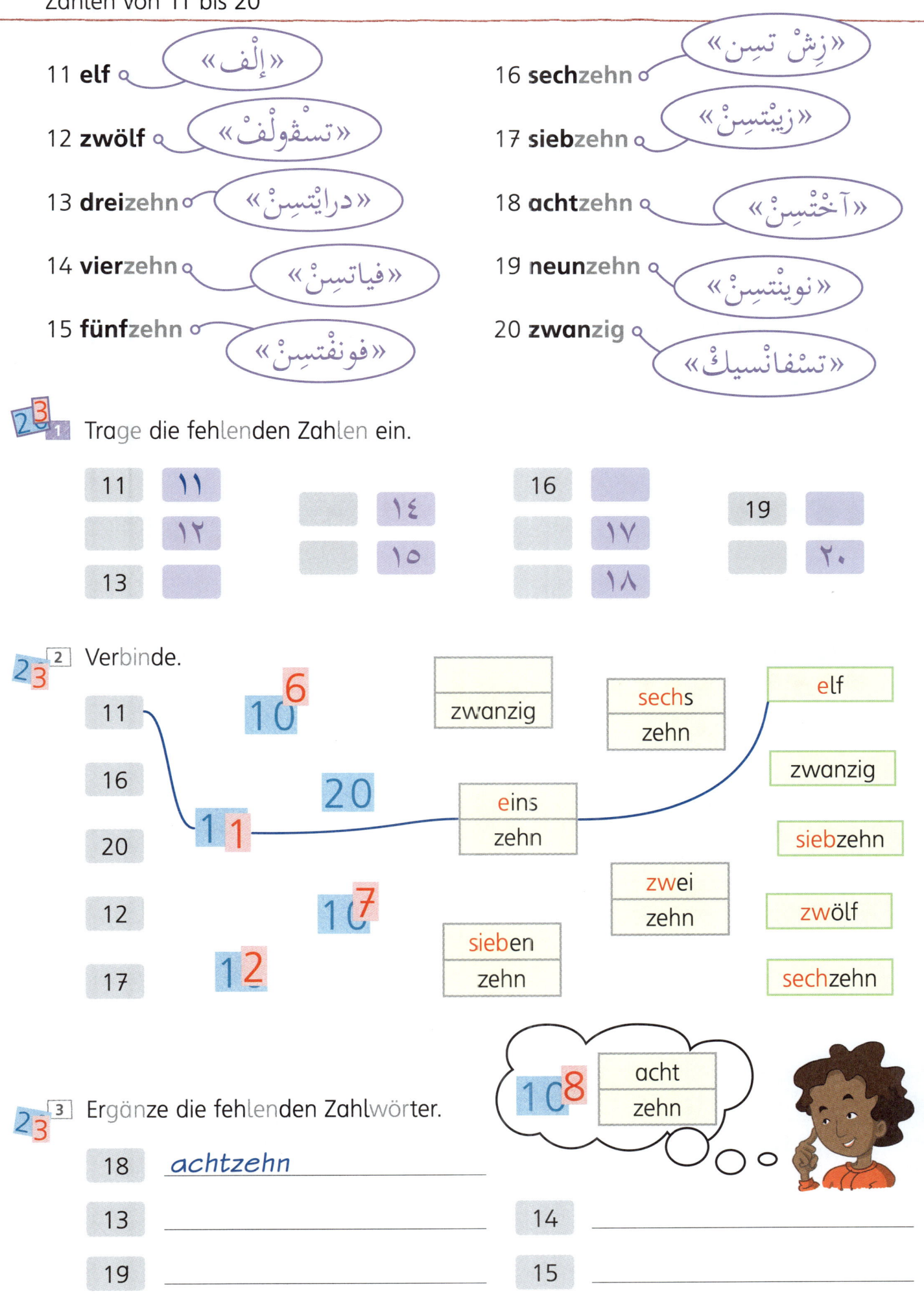

11 **elf** ⟪ إلْف ⟫

12 **zwölf** ⟪ تسْقُوْلْف ⟫

13 **drei**zehn ⟪ درايْتسِنْ ⟫

14 **vier**zehn ⟪ فياتسِنْ ⟫

15 **fünf**zehn ⟪ فونْفْتسِنْ ⟫

16 **sech**zehn ⟪ زِشْ تسِنْ ⟫

17 **sieb**zehn ⟪ زيبْتسِنْ ⟫

18 **acht**zehn ⟪ آخْتْسِنْ ⟫

19 **neun**zehn ⟪ نويْنْتسِنْ ⟫

20 **zwan**zig ⟪ تسْفانْسيكْ ⟫

1 Trage die fehlenden Zahlen ein.

11	١١
	١٢
13	

| | ١٤ |
| | ١٥ |

16	
	١٧
	١٨

| 19 | |
| | ٢٠ |

2 Verbinde.

11 16 20 12 17

10⁶ 20 10⁷ 1²

zwanzig

eins / zehn

sieben / zehn

sechs / zehn

zwei / zehn

acht / zehn

elf

zwanzig

siebzehn

zwölf

sechzehn

3 Ergänze die fehlenden Zahlwörter.

18 *achtzehn*

13 _____

19 _____

14 _____

15 _____

10⁸ acht / zehn

1	eins	4	vier	7	sieben	10	zehn
2	zwei	5	fünf	8	acht	11	elf
3	drei	6	sechs	9	neun	12	zwölf

1 Verbinde und trage die Anzahl ein.

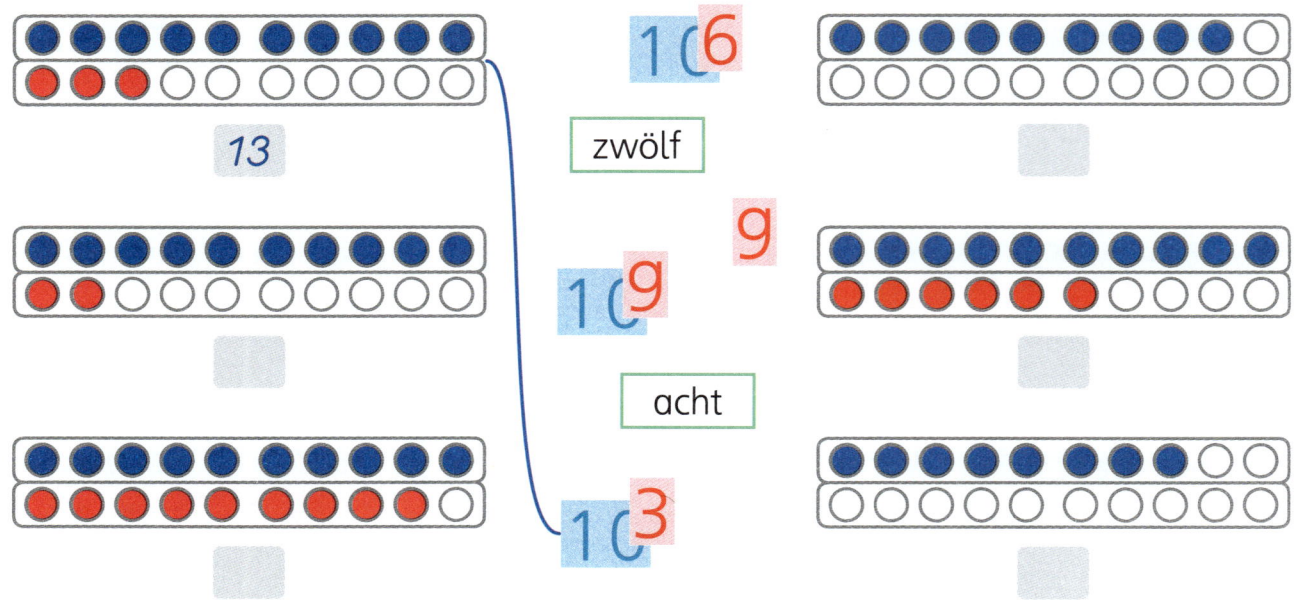

2 Male die richtige Anzahl.

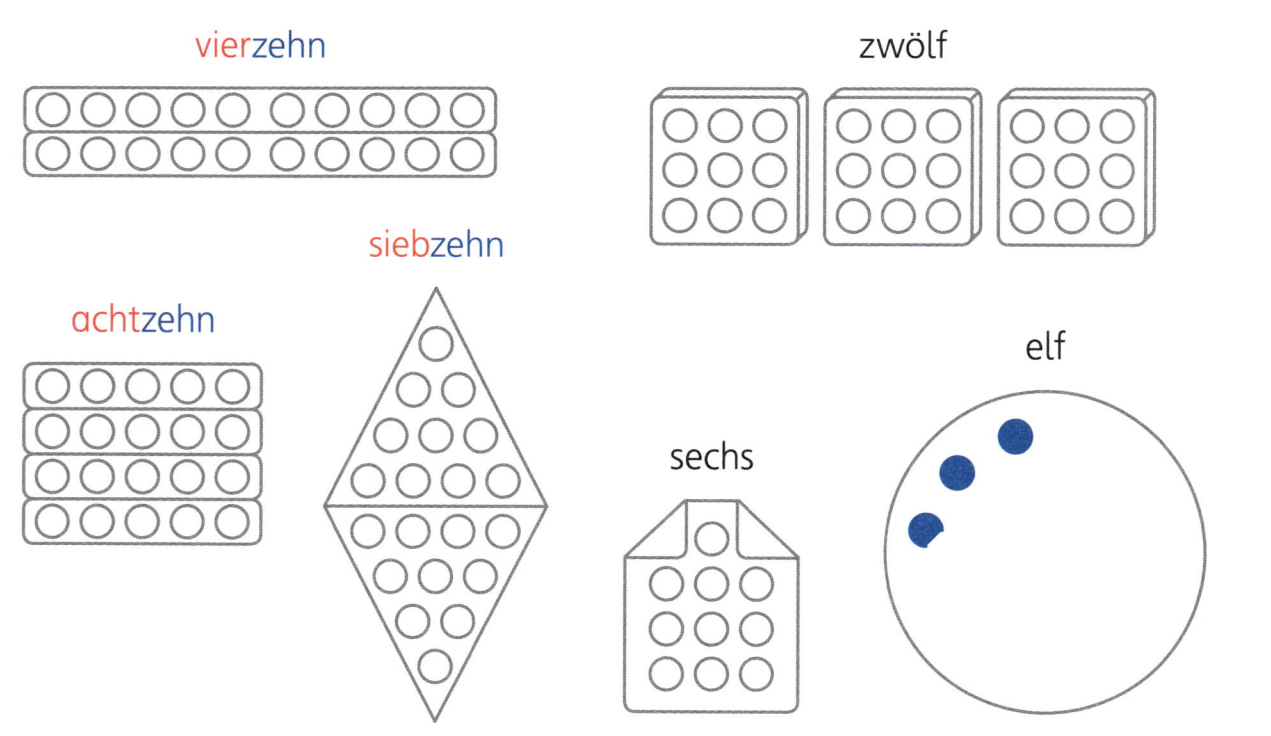

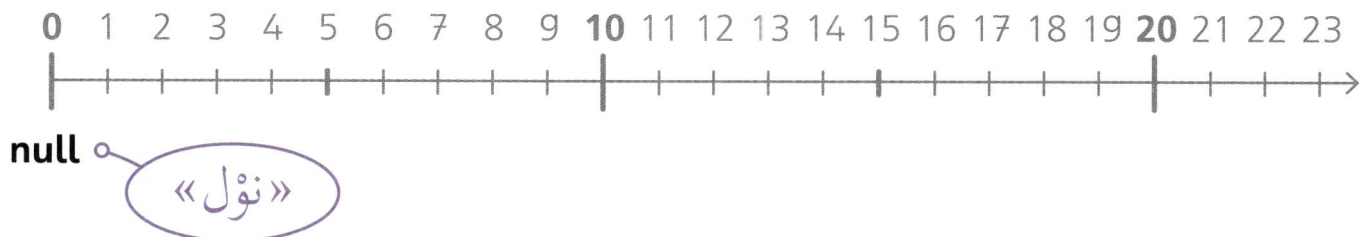

0 1 2 3 4 5 6 7 8 9 **10** 11 12 13 14 15 16 17 18 19 **20** 21 22 23

null ⚬ 〈〈 نوْل 〉〉

☐1 Verbinde.

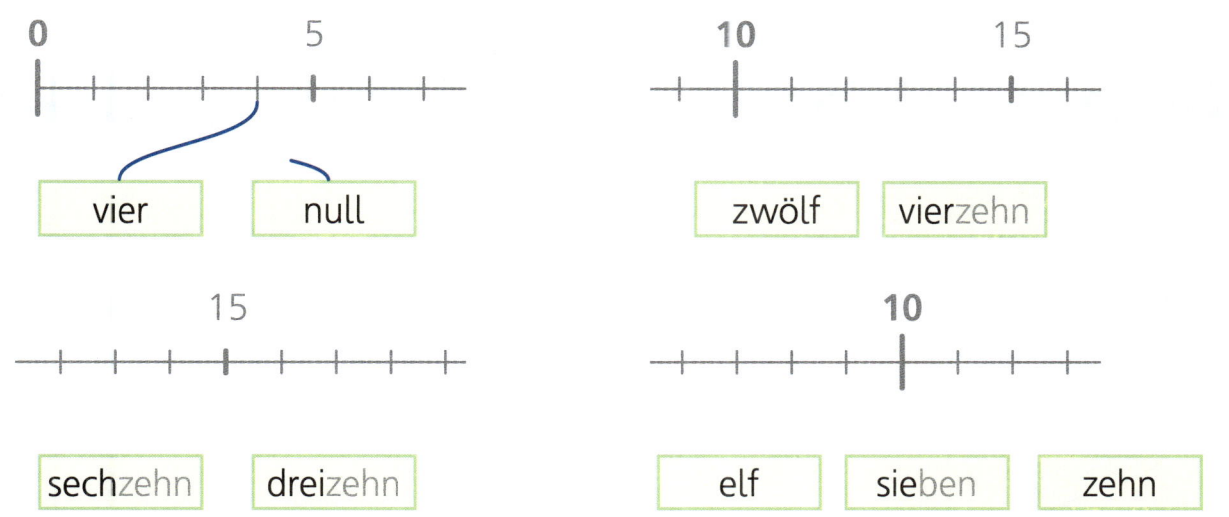

vier	null

zwölf	vierzehn

sechzehn	dreizehn

elf	sieben	zehn

☐2 Trage die fehlenden Zahlwörter ein.

fünf		
sechs		sechzehn
sie	zwölf	

☐3 Trage die fehlenden Zahlen ein.

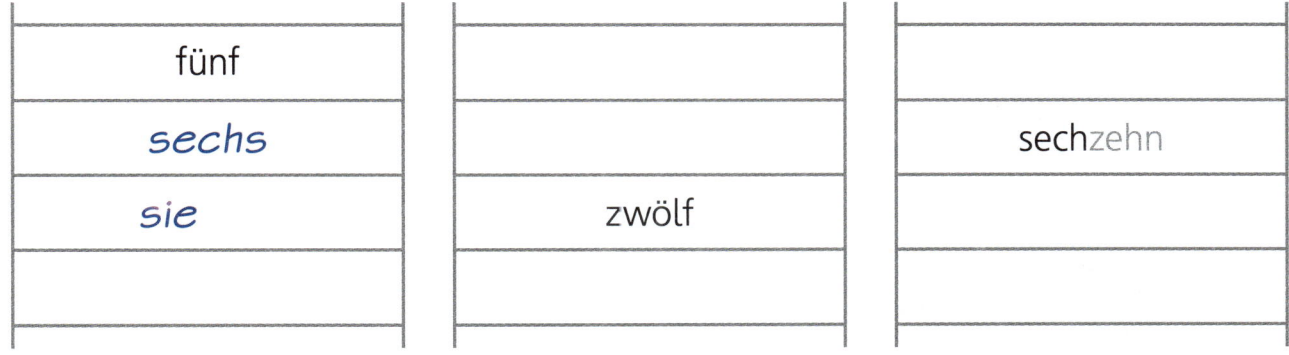

٩	10	١١		

		١٤			

		٢		

		18		

☐4 Trage >, < oder = ein.

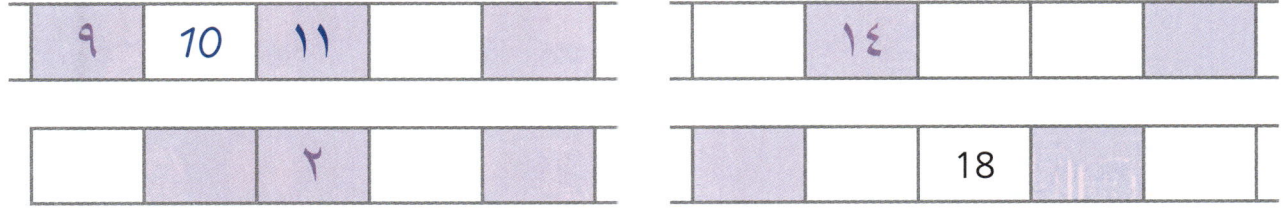

null ⚪ ٦   ١٣ ⚪ 13   zwölf ⚪ 11   ١٩ ⚪ ٢٠

1 Verbinde.

fünfzehn Uhr

zwölf Uhr

23 Uhr

2 Uhr

11 Uhr

neun Uhr

2 Schreibe die Uhrzeit auf.

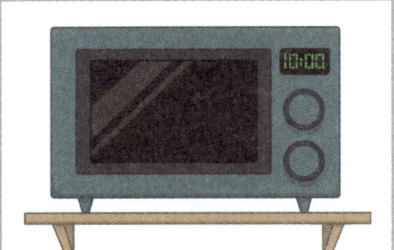

_____ _____ _____

3 Zeichne die Zeiger ein.

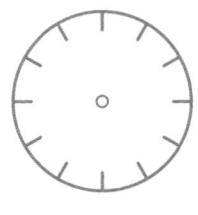

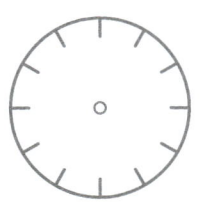

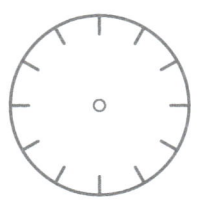

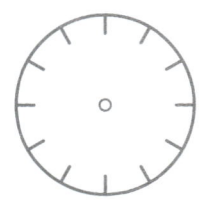

3 Uhr　　　　elf Uhr　　　　neunzehn Uhr　　　　22 Uhr

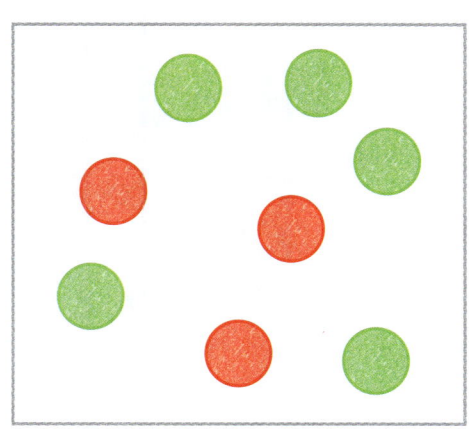

Wie viele rote Kreise sind es?

Es sind 3 rote Kreise.

Wie viele grüne Kreise sind es?

Es sind 5 grüne Kreise.

Wie viele Kreise sind es **zusammen**?

Zusammen sind es 8 Kreise.

1 Wie viele sind es?

Wie viele blaue Dreiecke sind es?

Es sind ☐ blaue Dreiecke.

Wie viele Dreiecke sind es zusammen?

Zusammen sind es ☐ Dreiecke.

Wie viele Quadrate sind es zusammen?

Zusammen sind es ☐ Quadrate.

Wie viele grüne Quadrate sind es?

Es sind ☐ grüne Quadrate.

2 Zeichne. Trage die Zahl ein.

Es sind 3 blaue Dreiecke.

Es sind 4 rote Dreiecke.

Zusammen sind es ☐ Dreiecke.

Es sind 6 lila Kreise.

Es sind ☐ gelbe Kreise.

Zusammen sind es 10 Kreise.

Es sind **3** Kinder.   **2** Kinder kommen **dazu**.   Jetzt sind es **5** Kinder.

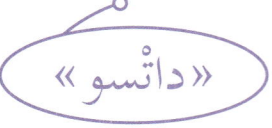

1 Ergänze die Zahlen.

Es sind ☐ Autos.   ☐ Autos kommen dazu.   Jetzt sind es ☐ Autos.

2 Ergänze die Zahlen.

Es sind ☐ Schafe.   ☐ Schafe kommen dazu.   Jetzt sind es ☐ Schafe.

3 Ergänze.

_____   ☐ Hasen _____   _____

☐ Hasen.   _____.   ☐ Hasen.

3 + 5 = 8   3   + 5   = 8

drei **plus** fünf ist gleich acht

1 Verbinde und ergänze.

3 + 3 = 6

5 + 4 =

☐ + ☐ = ☐

☐ + ☐ = ☐

sechs plus eins ist gleich sieben

drei plus drei ist gleich sechs

fünf plus fünf ist gleich zehn

fünf plus vier ist gleich neun

2 Verbinde.

7 > 2

zehn plus fünf

3 + 10

7 + 2

eins plus zwei plus drei

sieben ist größer als zwei

dreizehn

Übungen zur Addition (plus)

1 Rechne.

3 + ٣ = ☐	٠ + 5 = ☐	1 + 6 = ☐	2 + ٤ = ☐
3 + ٤ = ☐	٤ + 5 = ☐	1 + 5 = ☐	3 + ٤ = ☐
3 + ٥ = ☐	٣ + 5 = ☐	1 + 4 = ☐	4 + ٤ = ☐
3 + ٦ = ☐	٢ + 5 = ☐	1 + 3 = ☐	5 + ٤ = ☐

2 Rechne.

vier + ١٠ = ☐   ١٠ + sechs = ☐

zehn + ٨ = ☐   zehn + ٧ = ☐

٣ + zehn = ☐   ٩ + neun = ☐

3 Rechne. Schreibe die Zahl oder das Zahlwort.

drei + 3 = 6

5 + 2 = ☐

zwei + 10 = _____

10 + 5 = _____

fünf plus 6 = _____

vier + 4 = ☐

10 plus vier = _____

fünfzehn
elf ~~6~~
vierzehn
8
zwölf
7

4

10

fünf + 5

sechs + ☐

_____ + 1

drei + ☐

_____ + 0

16

1 + _fünfzehn_

2 + _____

3 + _____

4 + _____

☐ + elf

Es sind 7 Schafe.   2 Schafe laufen **weg**.   Jetzt sind es 5 Schafe.

1 Ergänze die Zahlen. Zeichne das letzte Bild zu Ende.

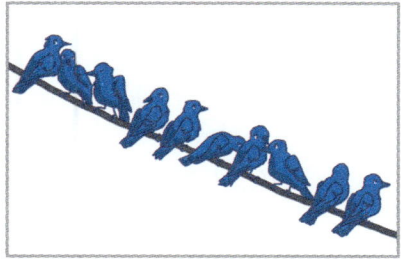  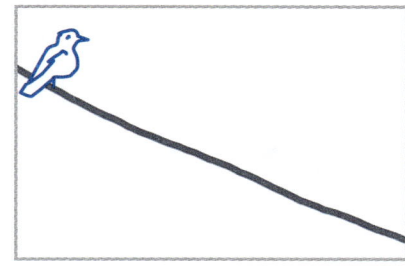

Es sind ☐ Vögel.   ☐ Vögel fliegen weg.   Jetzt sind es ☐ Vögel.

2 Ergänze kommen dazu oder gehen weg .

☐ Pferde _____   ☐ Kinder _____   ☐ Mäuse _____

_____.   _____.   _____.

☐ Kühe _____   ☐ Frauen _____   ☐ Elche _____

_____.   _____.   _____.

 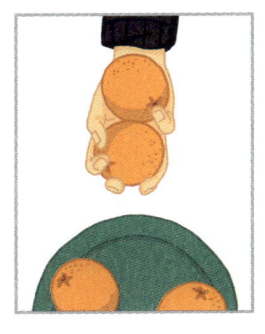  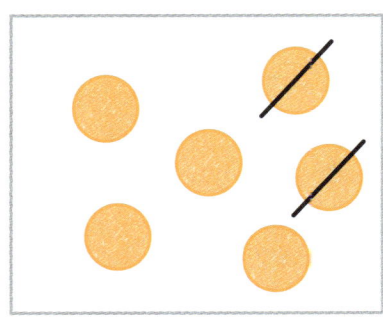

6   – 2   = 4   6 – 2 = 4

sechs **minus** zwei ist gleich vier

« مْيْنوسْ »

1 Verbinde und ergänze.

7 – 2 = ☐

☐ – ☐ = ☐

9 – 5 = ☐

☐ – ☐ = ☐

vier minus drei ist gleich eins

sieben minus zwei ist gleich fünf

sechs minus drei ist gleich drei

neun minus fünf ist gleich vier

2 Verbinde.

8 ist größer als 3

8 > 3

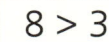

elf minus 3

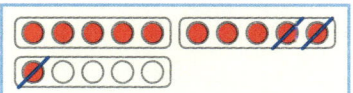

8 plus 3

8 minus 3

Übungen zur Subtraktion (minus)

1 Rechne.

$10 - ٣ = \boxed{}$ $٩ - 4 = \boxed{}$ $8 - 7 = \boxed{}$ $8 - ٤ = \boxed{}$

$10 - ٤ = \boxed{}$ $٨ - 4 = \boxed{}$ $8 - 6 = \boxed{}$ $9 - ٤ = \boxed{}$

$10 - ٥ = \boxed{}$ $٧ - 4 = \boxed{}$ $8 - 5 = \boxed{}$ $10 - ٤ = \boxed{}$

$10 - ٦ = \boxed{}$ $٦ - 4 = \boxed{}$ $8 - 4 = \boxed{}$ $11 - ٤ = \boxed{}$

2 Rechne.

vierzehn $- ١٠ = \boxed{}$ $16 -$ sechs $= \boxed{}$

siebzehn $- ٧ = \boxed{}$ $١٨ -$ acht $= \boxed{}$

$١٣ -$ zehn $= \boxed{}$ zwölf $- 6 = \boxed{}$

3 Rechne. Schreibe die Zahl oder das Zahlwort.

neun $- 8 = \textit{1}$

$14 - 2 = \boxed{}$

2 plus 4 $= \boxed{}$

12 minus 2 = _____

elf $- 7 =$ _____

$4 + 7 =$ _____

fünf plus 2 = _____

fünfzehn $- 10 =$ _____

3 minus 2 = _____

sieben
vier   ✗
    fünf
12
    zehn
6
    elf
eins

4 Rechne.

$10 \xrightarrow{\;-5\;} \textit{fünf}$ _____   vierzehn $\xrightarrow{\;-10\;} \boxed{}$

$12 \xrightarrow{\;-5\;}$ _____   achtzehn $\xrightarrow{\;-10\;} \boxed{}$

$15 \xrightarrow{\;-5\;}$ _____   _____ $\xrightarrow{\;-10\;} \boxed{3}$

$7 \xrightarrow{\;-5\;}$ _____   _____ $\xrightarrow{\;-10\;} \boxed{10}$

Begriffe „richtig" und „falsch"

1 + 1 = 2 ✓ **richtig**

2 + 2 = 5 ✗ **falsch**

5 + 5 = 8 ✗ falsch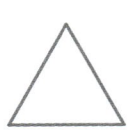

3 + 1 = 4 ✓ richtig

Kreis ✓ richtig

Quadrat ✗ falsch

---

1 Richtig oder falsch?

٢ + ٢ = ٤ ✓ richtig

٨ + 2 = 10 ☐ _____

3 + 3 = ٧ ☐ _____

7 + ٣ = 10 ☐ _____

10 − 1 = ٩ ☐ _____

١٥ − 4 = 10 ☐ _____

8 + 10 = ١٨ ☐ _____

6 + ☐ = 7 ✗ falsch

---

2 Richtig oder falsch?

15 − 5 = zehn ✓ richtig

8 + 10 = 16 ☐ _____

12 − 4 = neun ☐ _____

5 + 5 = zehn ☐ _____

7 < 8 ☐ _____

elf < 10 ☐ _____

neun > 1 ☐ _____

drei = 3 ☐ _____

---

3 Richtig oder falsch?

Der Kreis ist rot.

Das Rechteck ist blau.

Es gibt drei Dreiecke. ☐ _____

Ein Dreieck ist lila.

Das Quadrat ist rot.

Es gibt drei blaue Dreiecke. ☐ _____

$4 + 3 = 7$

3 Schritte nach vorn

«ناخْ فوْن»

$6 - 4 = 2$

4 Schritte zurück

«تسوْرُك»

1   Verbinde und ergänze das Ergebnis.

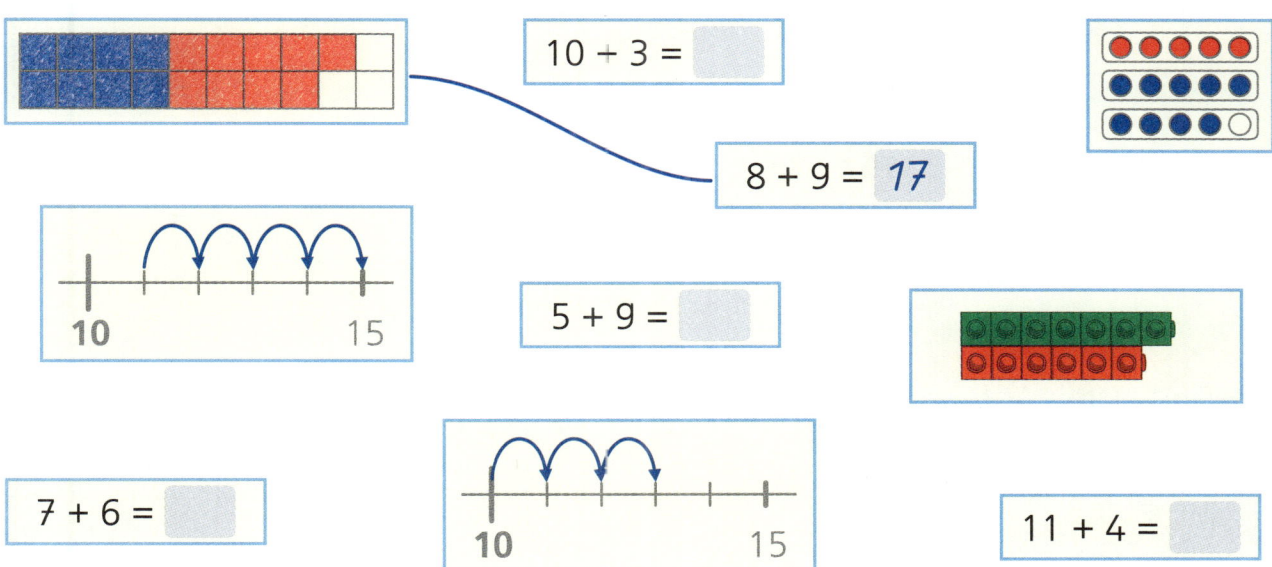

$10 + 3 = $

$8 + 9 = 17$

$5 + 9 = $

$7 + 6 = $

$11 + 4 = $

2   Rechne und male an.

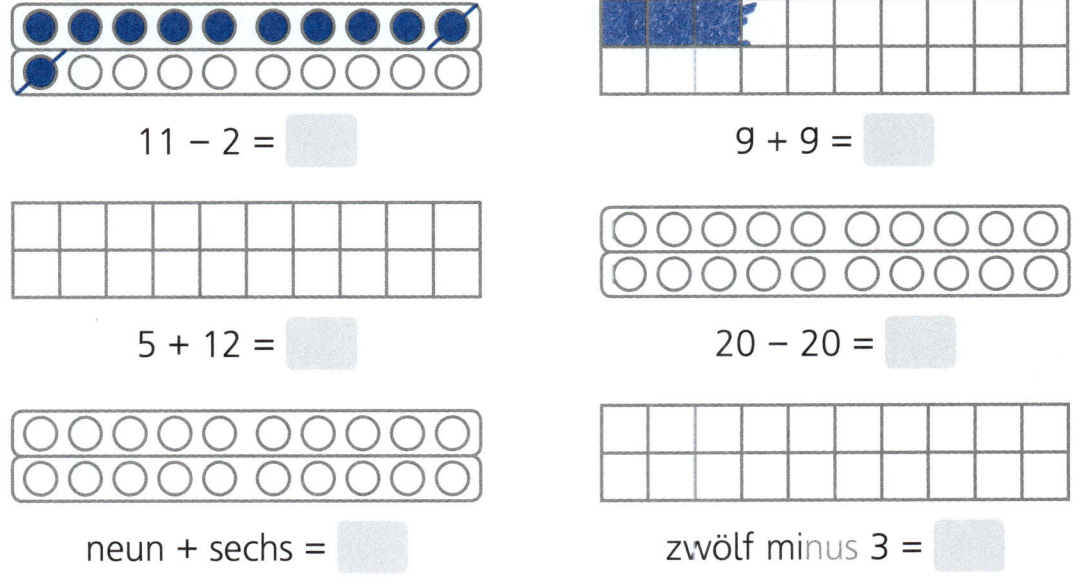

$11 - 2 = $

$9 + 9 = $

$5 + 12 = $

$20 - 20 = $

neun + sechs =

zwölf minus 3 =

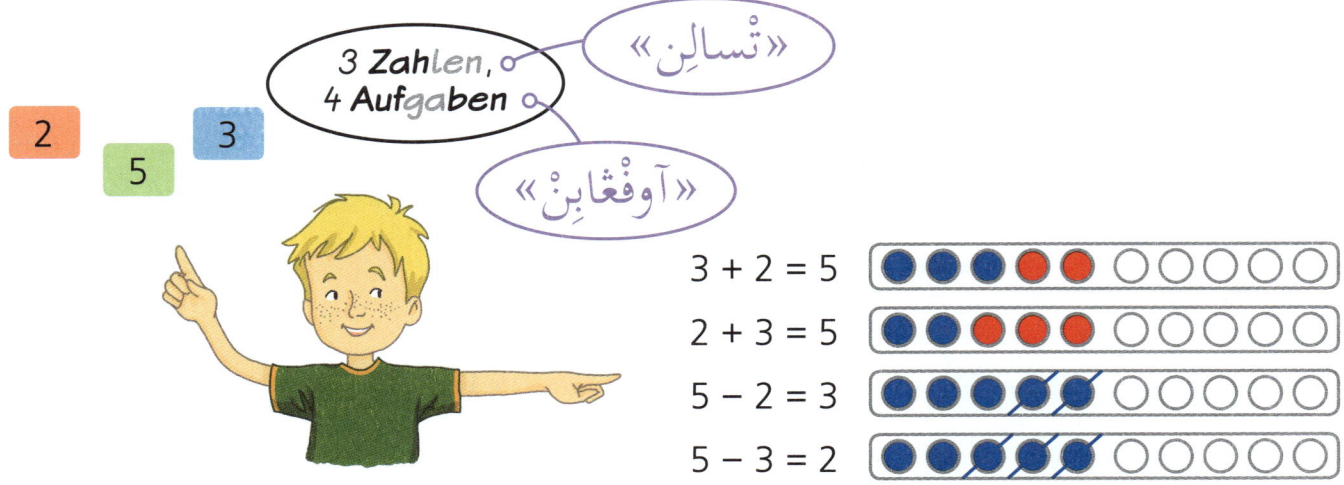

$3 + 2 = 5$
$2 + 3 = 5$
$5 - 2 = 3$
$5 - 3 = 2$

1 Schreibe immer alle 4 Aufgaben.

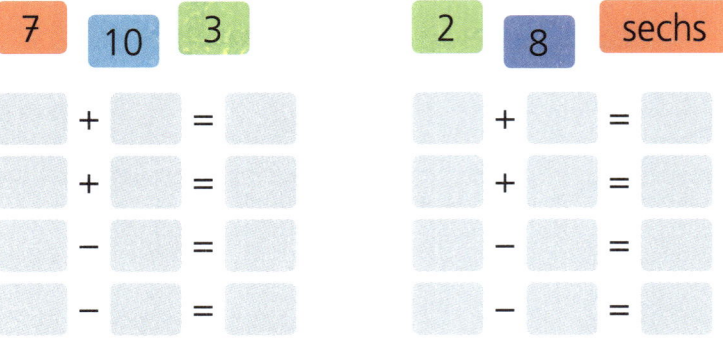

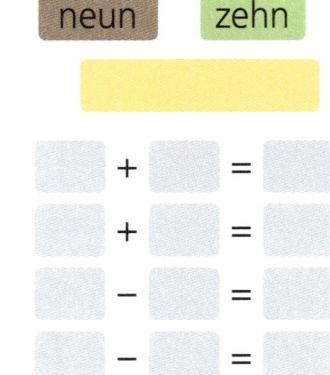

neun   zehn

	+		=	
	+		=	
	−		=	
	−		=	

2 Finde viele Aufgaben.

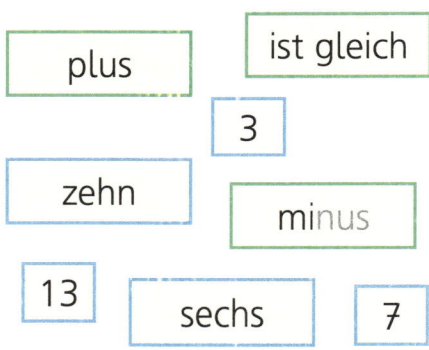

plus   ist gleich   3   zehn   minus   13   sechs   7

$1\ 3\ -\ 7\ =\ 6$

3 Rechne.

zehn + 6 =   zehn + 8 =   10 + vier =

neun + 6 =   neun + 8 =   9 + vier =

4 Rechne.

17 − zehn =   15 − zehn =   dreizehn − 10 =

17 − neun =   15 − neun =   dreizehn − 9 =

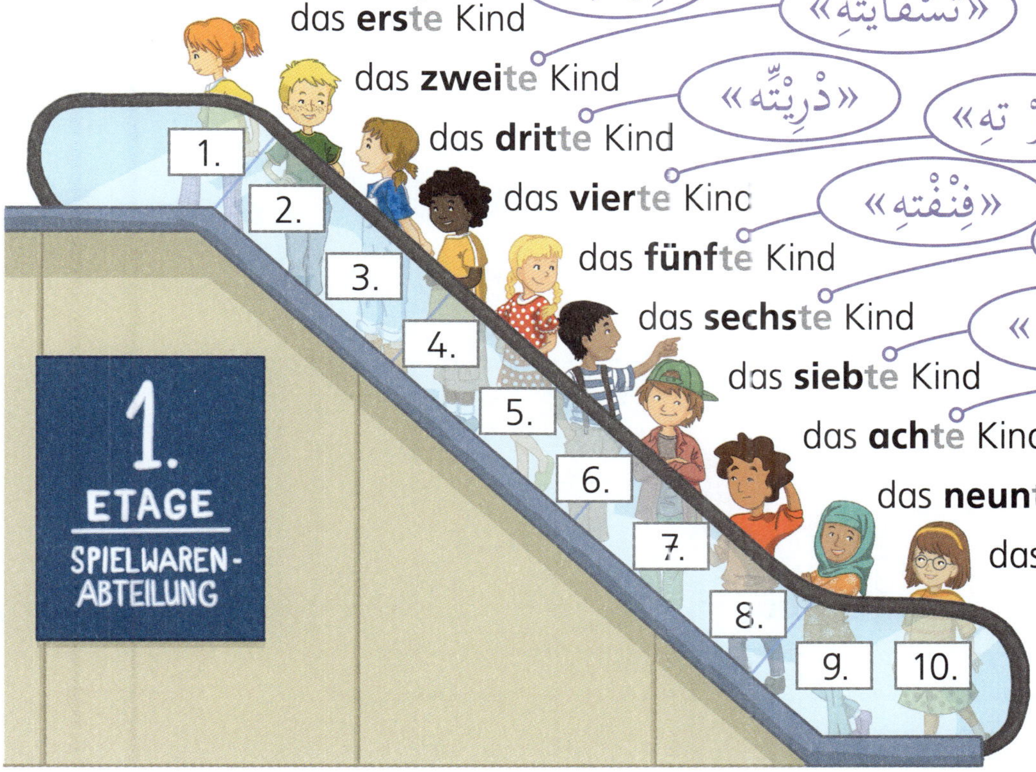

das **erst**e Kind
«إِرسْتِه»
das **zwei**te Kind
«تسْفايتِه»
das **drit**te Kind
«دْرِيتّه»
das **vier**te Kind
«فِيرْ تِه»
das **fünf**te Kind
«فِنْفْتِه»
das **sechs**te Kind
«زِكسْتِه»
das **sieb**te Kind
«زِيبْتِه»
das **ach**te Kind
«آخْتِه»
das **neun**te Kind
«نويْنتِه»
das **zehn**te Kind
«تْسِنْتِه»
1.
2.
3.
4.
5.
6.
7.
8.
9.
10.
1.
ETAGE
SPIELWAREN-
ABTEILUNG

1 Male an. Trage auch die Zahlen ein.

Der zweite Kreis ist rot.
Der sechste Kreis ist blau.
Der dritte Kreis ist gelb.
Der siebte Kreis ist grün.

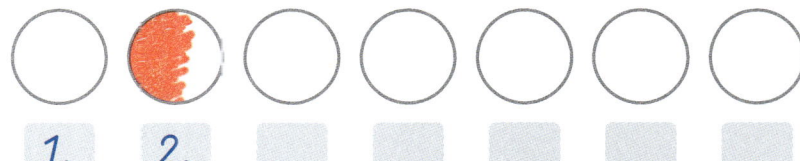

1.
2.

2 Ergänze die Sätze.

Das ____________ Dreieck ist blau.

Das dritte Dreieck ist ____________.

Das vierte Dreieck ist ____________.

Das Quadrat ist ____________.

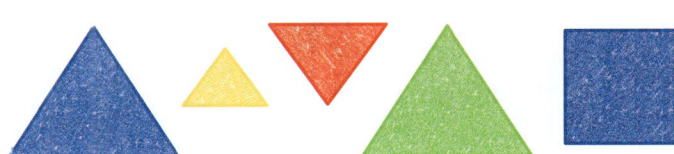

3 Richtig ✓ oder falsch ✗?

Das achte Rechteck ist blau.

Das zweite Rechteck ist gelb.

Es gibt zwei gelbe Rechtecke.

Das dritte Rechteck ist orange.

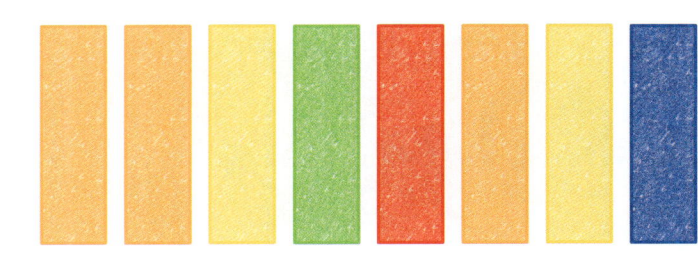

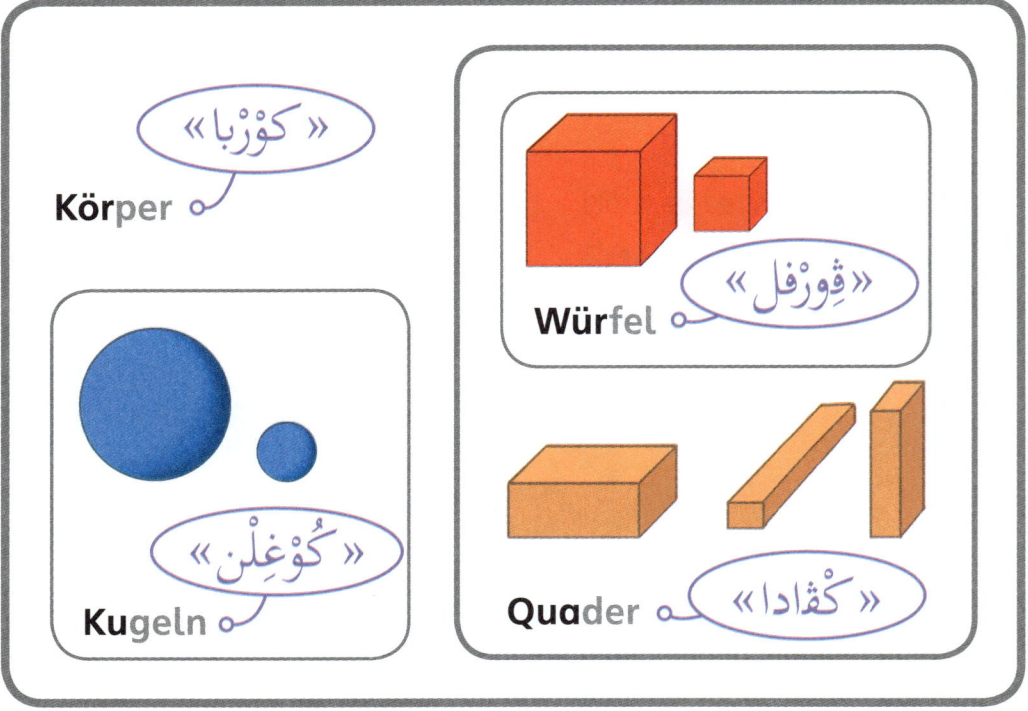

rot
gelb
grün
blau
lila
orange

groß

klein

1 Male an.

Der Würfel ist lila.
Die Kugel ist grün.

Der Quader ist rot.
Die Kugeln sind orange.

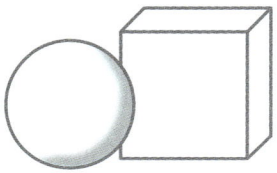

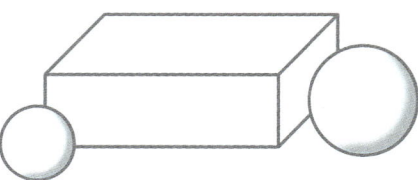

2 Richtig ✓ oder falsch ✗?

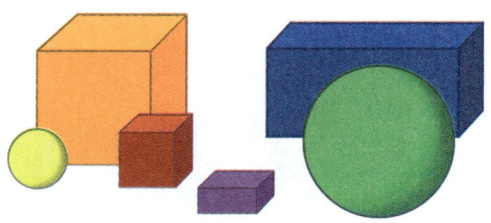

Die grüne Kugel ist groß.

Der große Würfel ist rot.

Der kleine Quader ist lila.

Der große Quader ist klein.

3 Wie viele sind es?

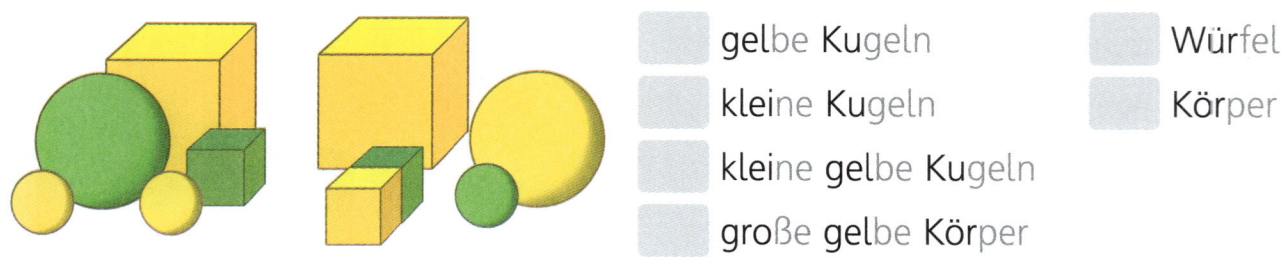

	gelbe Kugeln		Würfel
	kleine Kugeln		Körper
	kleine gelbe Kugeln		
	große gelbe Körper		

«هِينْتا»

hinter
dem Würfel

«لينْكس نيْبن»

links neben
dem Würfel

«فوا»

vor
dem Würfel

rechts neben
dem Würfel

«رِشْتس نيبن»

1 Verbinde.

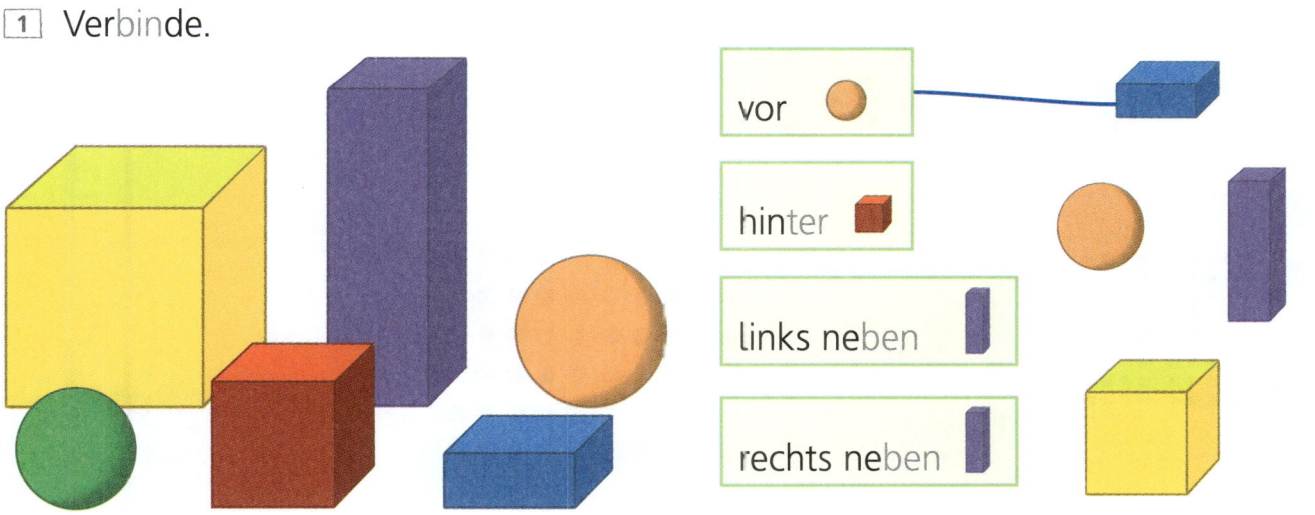

| vor |
| hinter |
| links neben |
| rechts neben |

2 Male an.

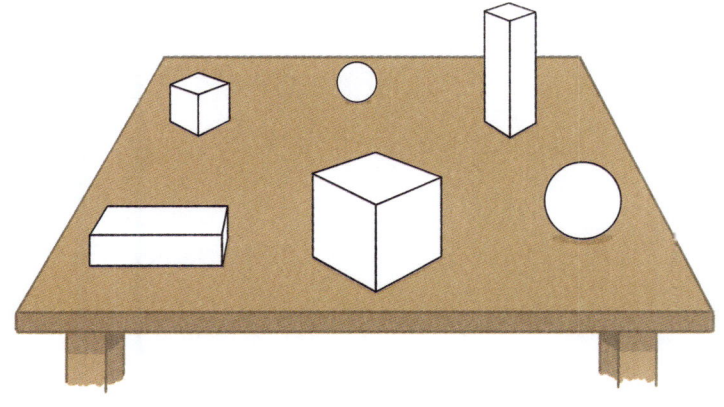

Der rote Quader steht rechts neben der gelben Kugel.

Der blaue Würfel steht links neben der roten Kugel.

Der gelbe Würfel steht hinter dem grünen Quader.

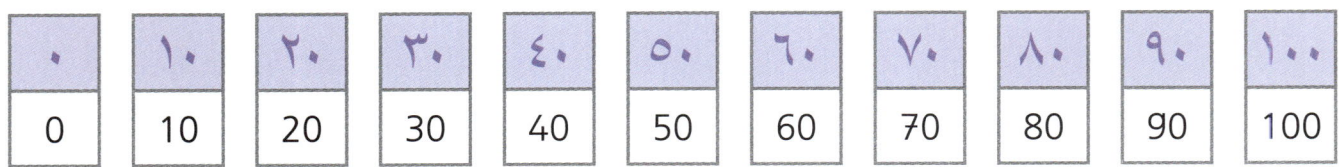

٠	١٠	٢٠	٣٠	٤٠	٥٠	٦٠	٧٠	٨٠	٩٠	١٠٠
0	10	20	30	40	50	60	70	80	90	100

1 Verbinde.

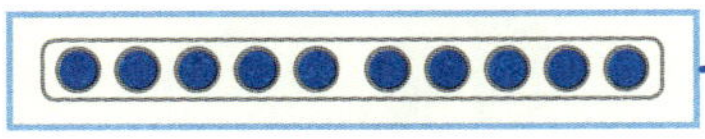

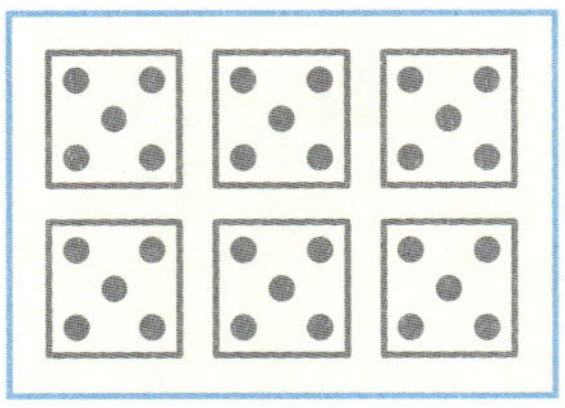

50

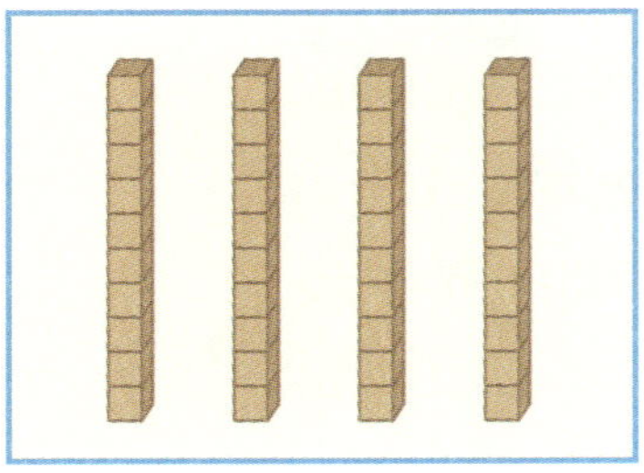

10   100

80

30

40

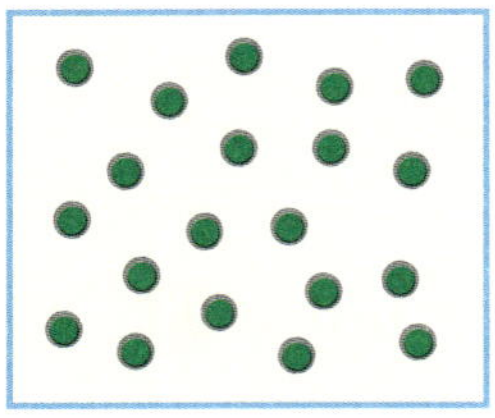

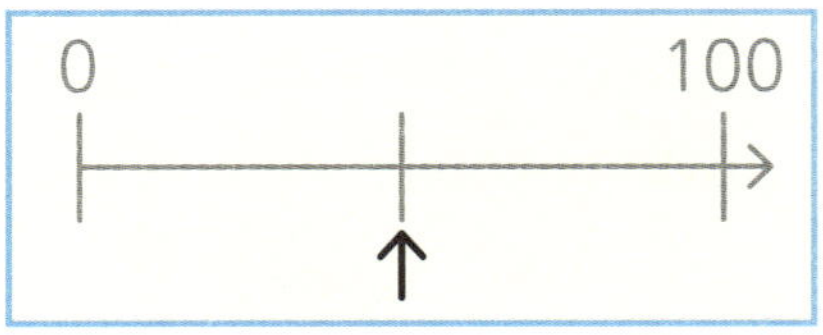

60

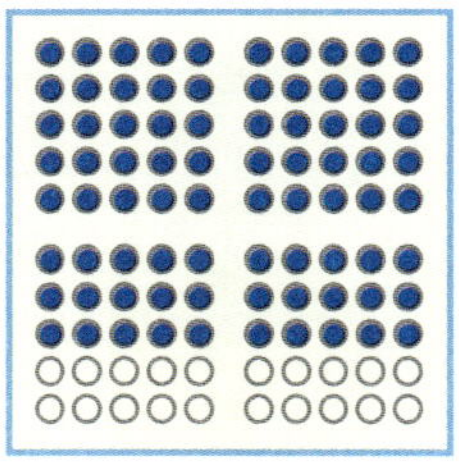

20

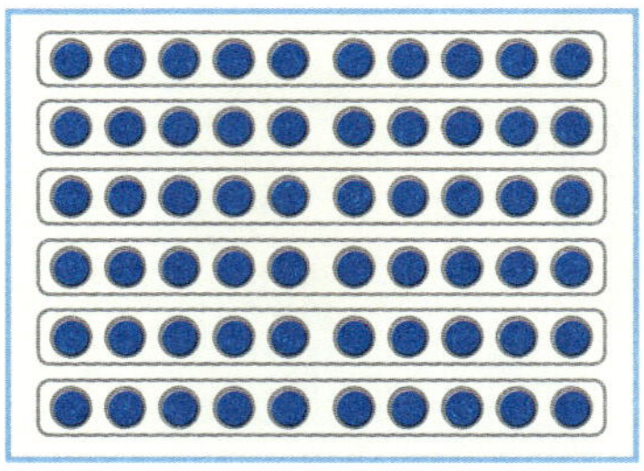

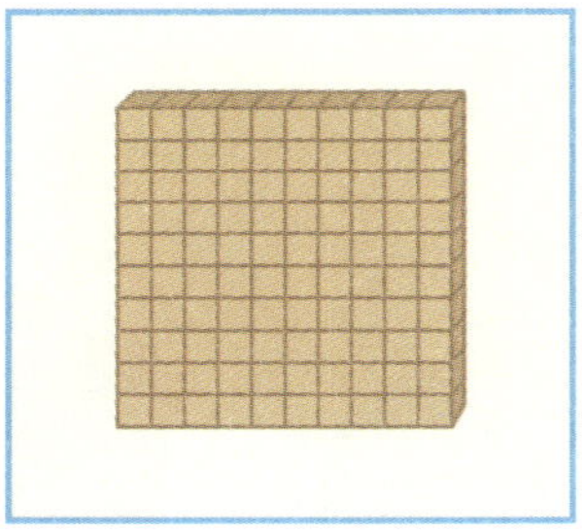

2 Trage die Zahlen in beiden Schreibweisen ein.

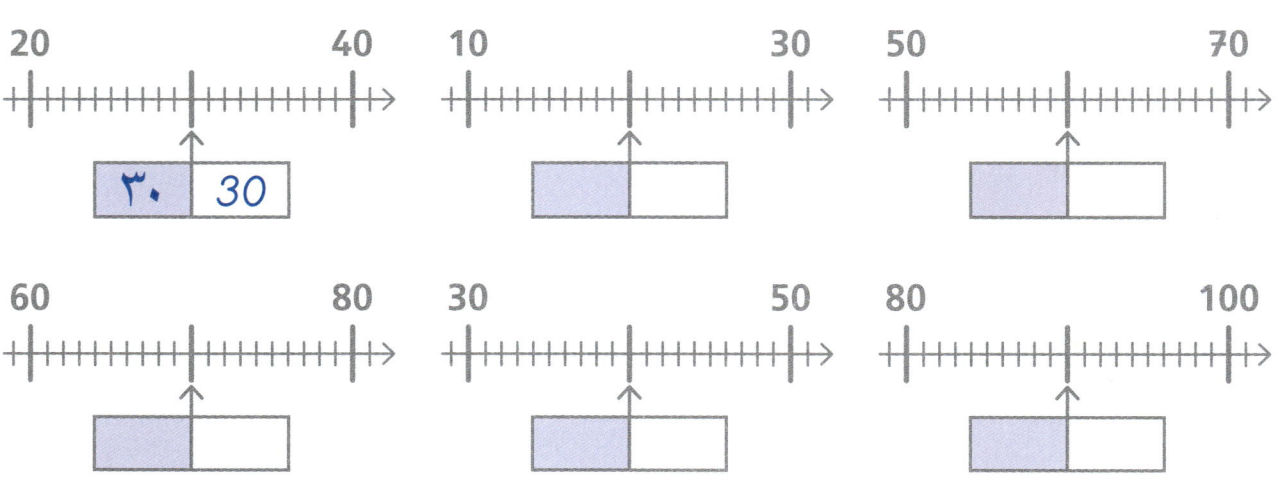

20 ... 40   10 ... 30   50 ... 70

| ٣٠ | 30 |

60 ... 80   30 ... 50   80 ... 100

Zehnerzahlen bis 100

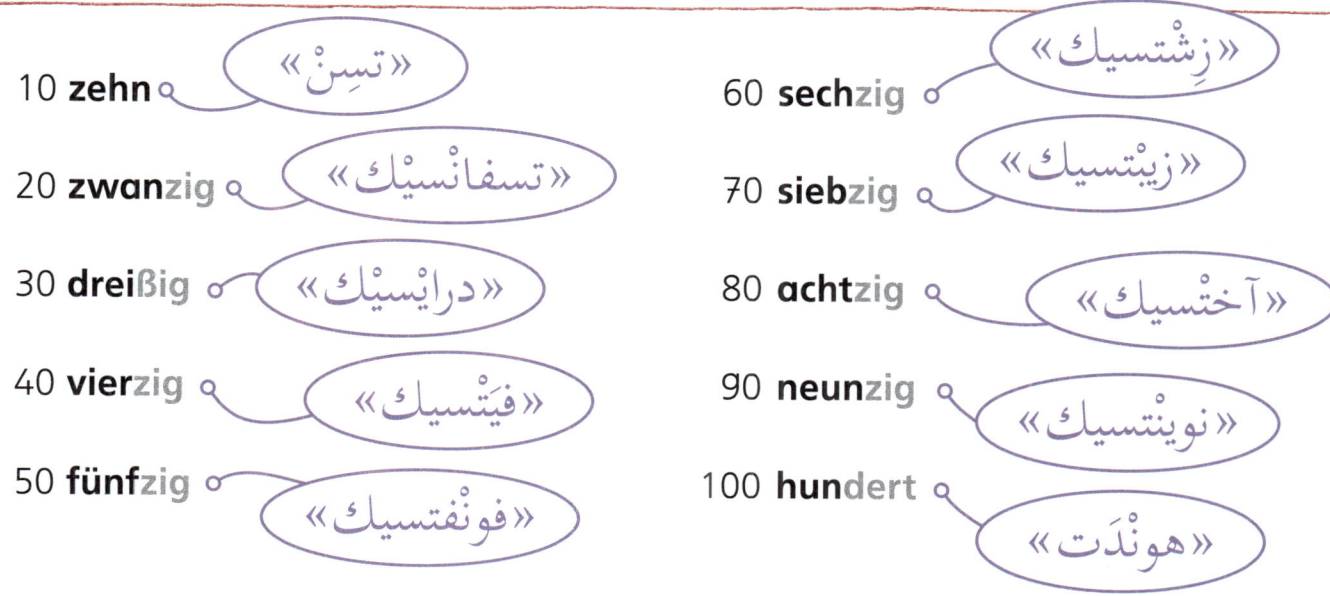

10 **zehn**	«تِسِنْ»	60 **sech**zig	«زِشْتسيك»
20 **zwan**zig	«تسفانْسيك»	70 **sieb**zig	«زيبْتسيك»
30 **drei**ßig	«درايْسيْك»	80 **acht**zig	«آخْتسيك»
40 **vier**zig	«فيْتسيك»	90 **neun**zig	«نويْنْتسيك»
50 **fünf**zig	«فونْفْتسيك»	100 **hund**ert	«هونْدَت»

1 Verbinde. Schreibe die Zahl und das Zahlwort.

sieben	7

drei	

fünf	

acht	

70	*siebzig*

30	

zwei	

60	

50	

sechs	

90	

80	

neun	

20	

2 Trage den Trennstrich und die Zahl ein.

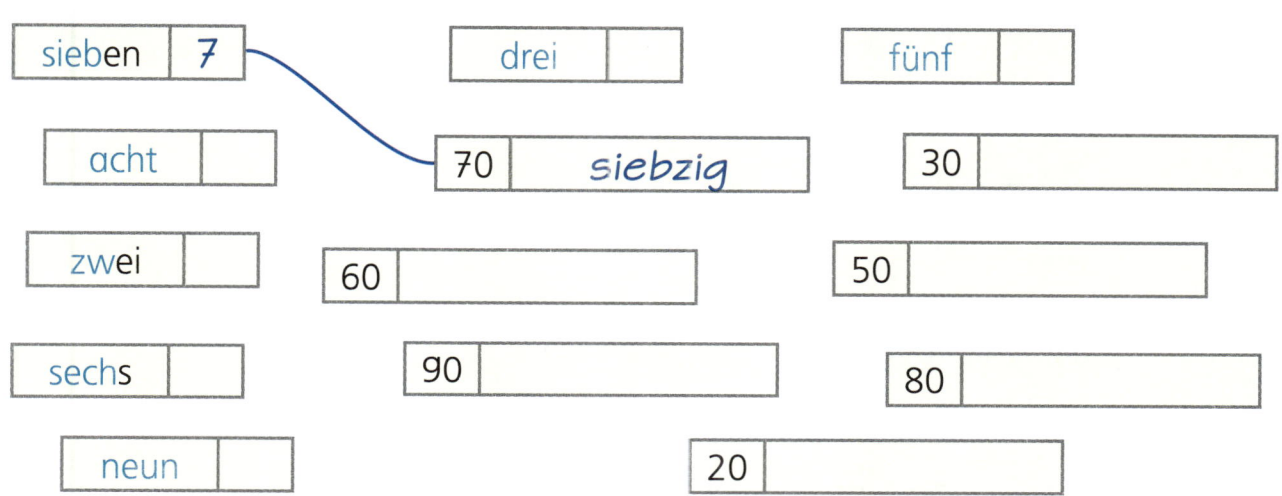

sech|zig   6 0
sech|zehn   1 6

neun|zig	90	sechzehn	
achtzehn		vierzehn	
zwanzig		fünfzig	
siebzig		vierzig	
dreizehn		siebzehn	

3 Schreibe mit Zahlen und Rechenzeichen.

siebzehn plus zwanzig	17	+			hundert minus elf			
vierzig plus dreißig					fünfzig plus zwölf			
achtzig ist größer als eins					siebzig minus zehn			

1 Ergänze die Aufgaben. Rechne.

5 + ٤ = 9   ٣ + ٧ = 10   ٢ + 6 = ☐

50 + ٤٠ = ☐   ٣٠ + ٧٠ = ☐   ☐ + ☐ = 80

٨ – ١ = ☐   ☐ – ☐ = ☐   ☐ + ☐ = ☐

☐ – ☐ = ☐   40 – 30 = ☐   30 + ٦٠ = ☐

2 Notiere die fehlenden Zahlwörter und rechne.

fünf + 3 = 8   7 – drei = vier

_____ + 30 = 80   70 – _____ = _____

neun – sieben = 2   _____ + _____ = ☐

_____ – _____ = ☐   fünfzig + zwanzig = ☐

3 Verbinde die Aufgaben mit ihren Ergebnissen.

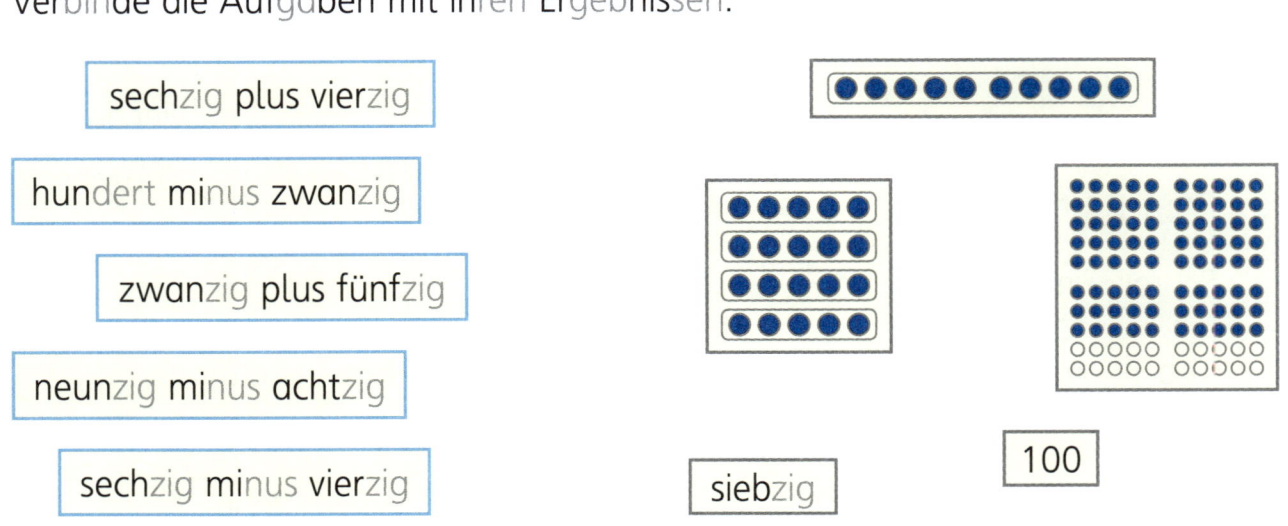

sechzig plus vierzig

hundert minus zwanzig

zwanzig plus fünfzig

neunzig minus achtzig

sechzig minus vierzig

siebzig   100

Das Übungsheft Mathematik 1 und 2

Denk- und Rechentraining

Für Kinder mit normalen Rechenfertigkeiten ist **Das Übungsheft Mathematik** das ideale tägliche 5-Minuten-Training mit dem Schwerpunkt Rechnen. Mit dem Übungsheft werden die Grundlagen für Mathematik optimal trainiert.

- Produktives Üben mit System: abwechslungsreich und motivierend
- Konzentration: Rechentraining = Denktraining
- Rechenwege + Rechentricks für komplexere Lösungswege
- Die Rätselseiten: die Lieblingsseiten der Kinder
- Rechenmeister – Lernstandsüberprüfung
- Aufgaben aus den Bereichen Geometrie und Sachrechnen
- Differenzierung: Knobelaufgaben
- Sticker-Belohnungssystem und Übungsheft mit CD-ROM

	Bestell-Nr.
Das Übungsheft Mathematik 1 84 S., vierf., 14,8 x 22 cm (größer als DIN A5), Gh, mit Lösungsheft (24 S., vierf.) und Stickerbogen	1504 - 54
Das Übungsheft Mathematik 2 84 S., vierf., 14,8 x 22 cm (größer als DIN A5), Gh, mit Lösungsheft (20 S., vierf.) und Stickerbogen	2504 - 54

www.mildenberger-verlag.de/187

Das Übungsheft Basiswissen Mathematik 1 und 2

Mathematische Basiskompetenzen üben und festigen

Im **Übungsheft Basiswissen Mathematik** werden Aufgaben zu den grundlegenden Kompetenzen des jeweiligen Schuljahres in großer Schrift auf besonders übersichtlich gestalteten Seiten angeboten. Jede Seite beschäftigt sich stets nur mit einem Lerninhalt. Der farbige Silbentrenner erleichtert das Leseverständnis.

	Bestell-Nr.
Das Übungsheft Basiswissen Mathematik 1 64 S., mit Lösungsheft (16 S.), vierf., Gh, DIN-A4-Format, mit Stickerbogen und Beilagen	1504 - 52
Das Übungsheft Basiswissen Mathematik 2 64 S., mit Lösungsheft (16 S.), vierf., Gh, DIN-A4-Format, mit Stickerbogen und Beilagen	2504 - 52

www.mildenberger-verlag.de/189

Das Förderheft Mathematik 1 und 2

Mathematisches Grundverständnis aufbauen und stärken

Mit den **Förderheften Mathematik** werden gezielt diejenigen Voraussetzungen gefördert, die ein Kind benötigt, um Mathematik optimal lernen und verstehen zu können. So können Kinder mit Rechenschwäche (Dyskalkulie) mathematisches Grundverständnis aufbauen, ohne dass der Umgang mit Zahlen und Zeichen bedeutungslos bleibt.

Die Förderhefte bieten aber auch Kindern mit Schwächen in Teilbereichen die Möglichkeit, grundlegende Inhalte zu trainieren.

	Bestell-Nr.
Das Förderheft Mathematik 1 64 S., vierf., Gh, mit 2 Beilagen, Stickerbogen und Lösungsheft	1502 - 45
Das Förderheft Mathematik 2 64 S., vierf., Gh, mit 2 Beilagen, Stickerbogen und Lösungsheft	2502 - 45

www.mildenberger-verlag.de/176

Mathematik für Kinder nicht deutscher Herkunft I (1504-56)

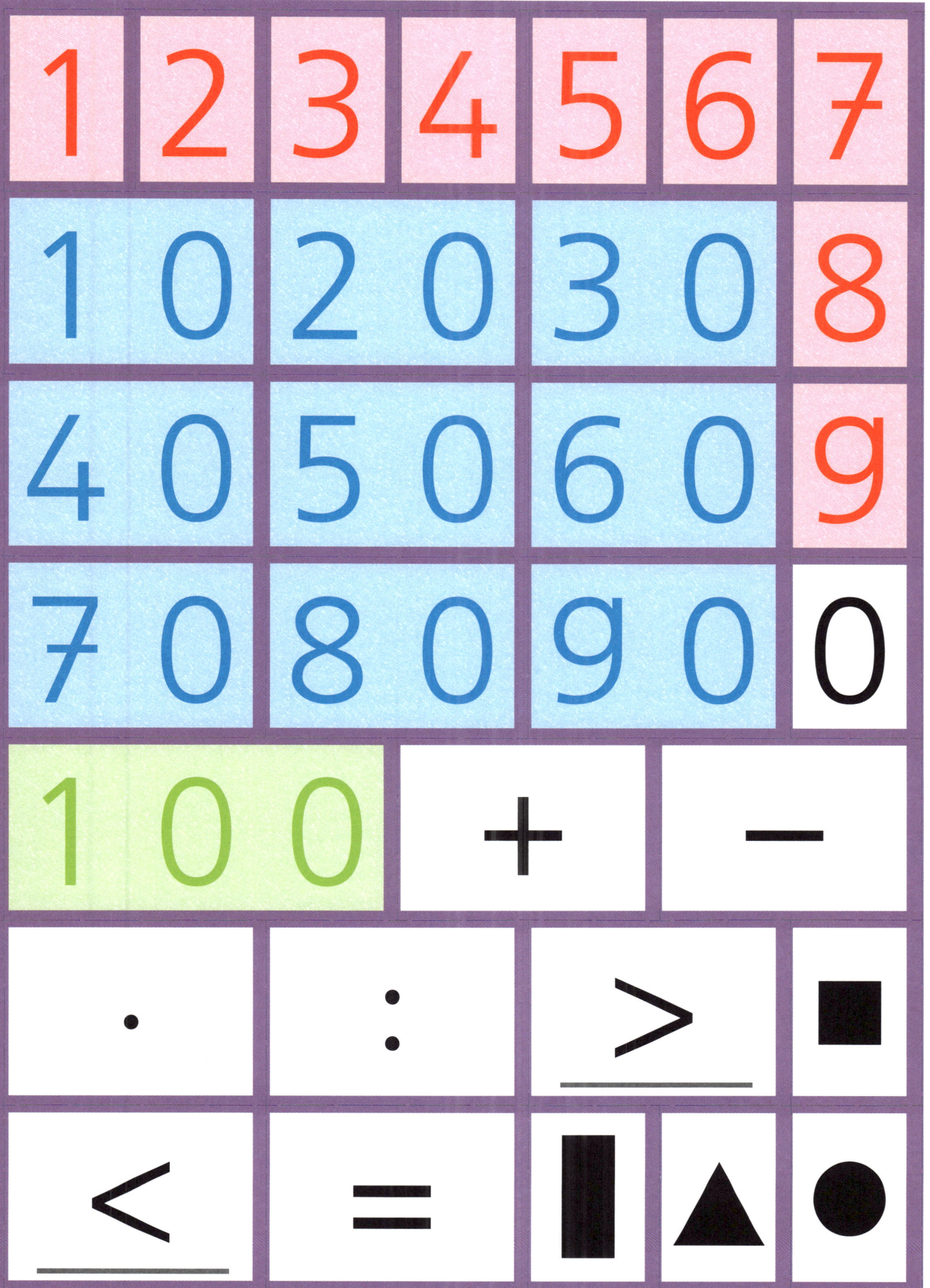

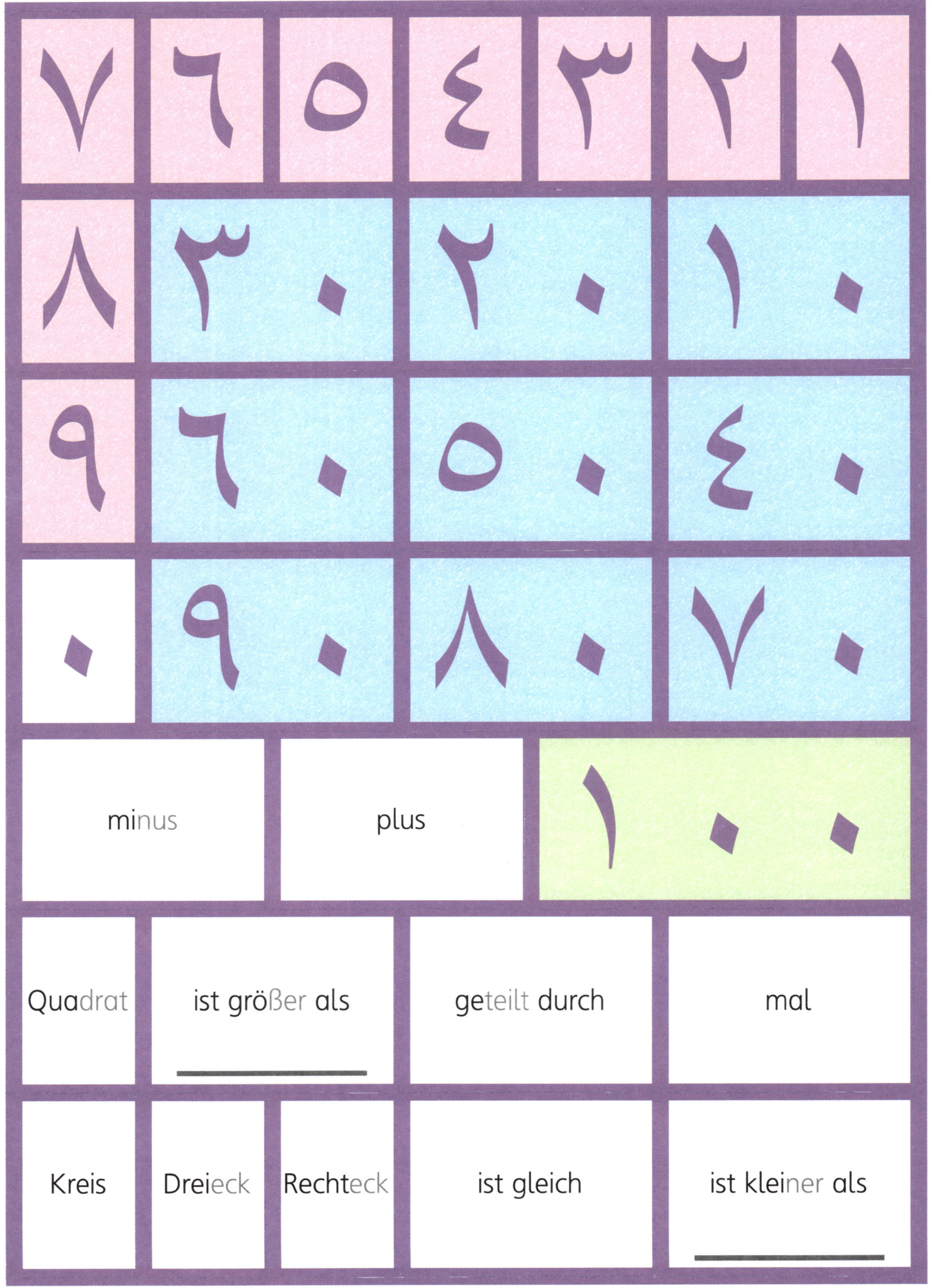

| ٧ | ٦ | ٥ | ٤ | ٣ | ٢ | ١ |

٨	٣٠	٢٠	١٠
٩	٦٠	٥٠	٤٠
٠	٩٠	٨٠	٧٠

| minus | plus | ١٠٠ |

| Quadrat | ist größer als | geteilt durch | mal |

| Kreis | Dreieck | Rechteck | ist gleich | ist kleiner als |

Ziffern kennenlernen

0 1 2 3 4 5 6 7 8 9

1 Male alle Ziffern an.

3 6 Q 5 B 1 2 C 6
g U 8 4 7 8 S 4 3
1 0 2 G 5 9 0 D 7

Verbinde.

2 — ٠
٢
٤
7
8
٣
٥
٩

0
٨
4
5
6
9

١
٧
٦

3
1
5

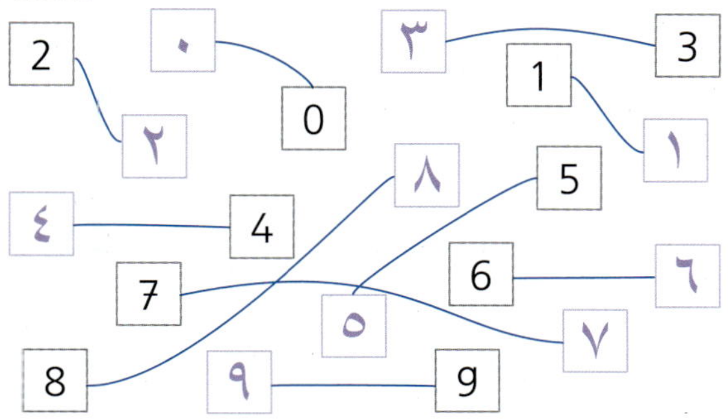

Ziffern von 1 bis 5

1 Male an oder streiche durch.

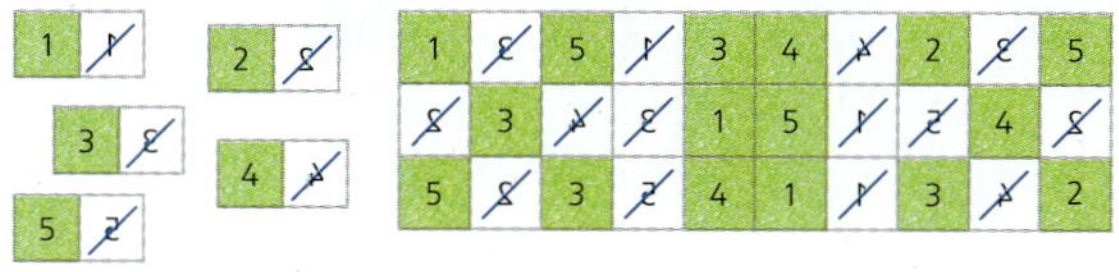

2 Schreibe die Ziffern.

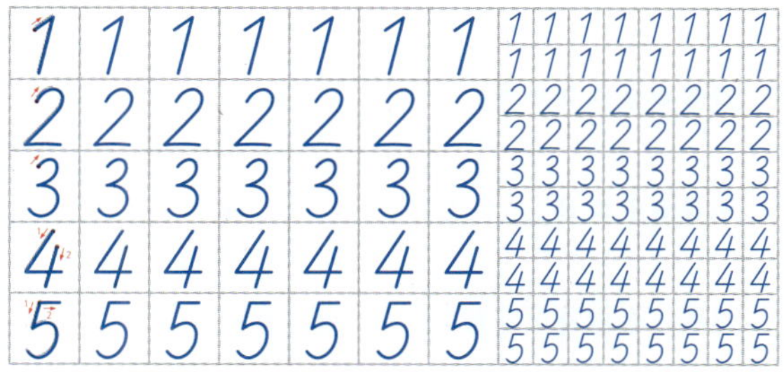

1 1 1 1 1 1 1 1 1 1 1 1 1 1
2 2 2 2 2 2 2 2 2 2 2 2 2 2
3 3 3 3 3 3 3 3 3 3 3 3 3 3
4 4 4 4 4 4 4 4 4 4 4 4 4 4
5 5 5 5 5 5 5 5 5 5 5 5 5 5

3 Zähle und trage die Zahl ein.

2   3   5   1   4

Trage die Zahl ein oder zeichne.

3   ٣
   5
4   ٤
   2
   ١
5   ٥

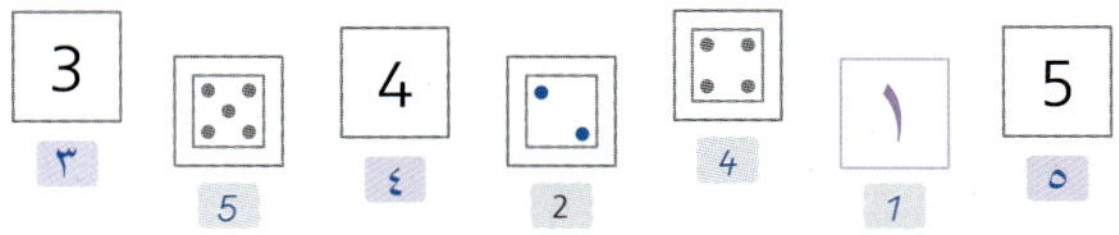

Zahlen von 1 bis 5

1	2	3	4	5
eins	zwei	drei	vier	fünf
«آينس»	«تسْفاي»	«دْراي»	«فيا»	«فِنْف»

1 Zähle, trage ein und verbinde.

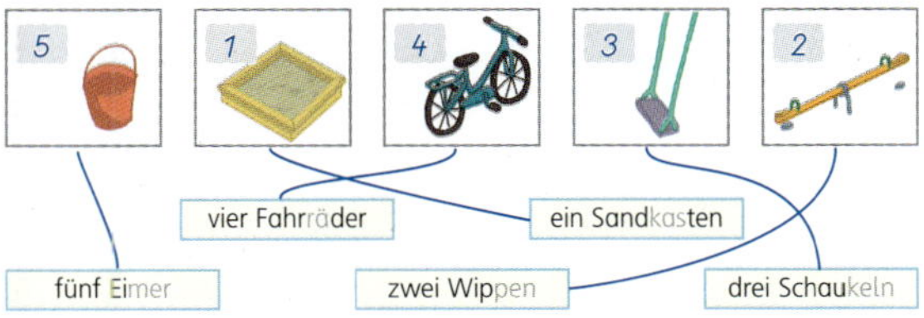

5   1   4   3   2

vier Fahrräder   ein Sandkasten
fünf Eimer   zwei Wippen   drei Schaukeln

2 Verbinde und trage die Zahl ein.

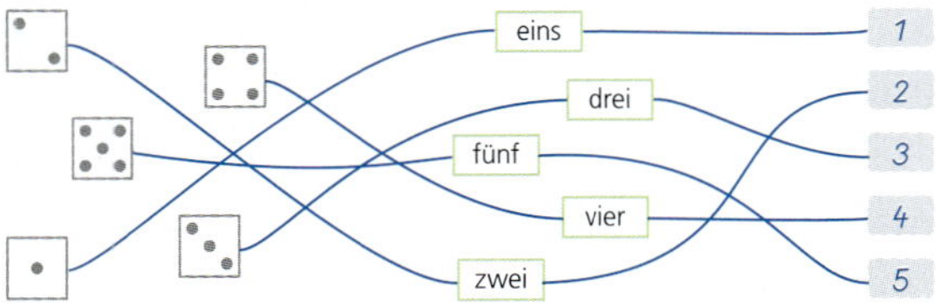

eins — 1
drei — 2
fünf — 3
vier — 4
zwei — 5

Ziffern von 6 bis 9, Ziffer 0

1 Male an oder streiche durch.

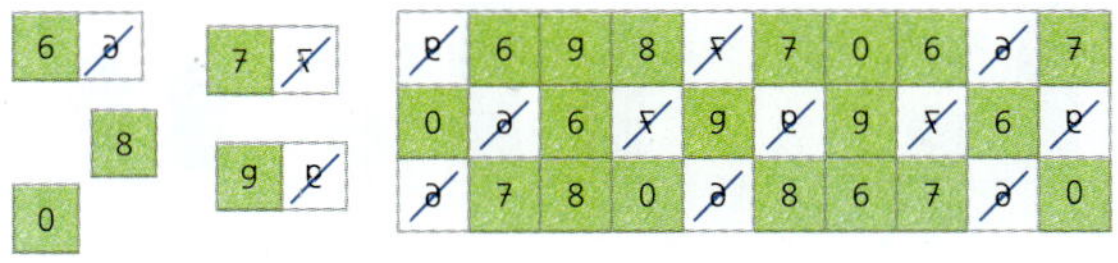

2 Schreibe die Ziffern.

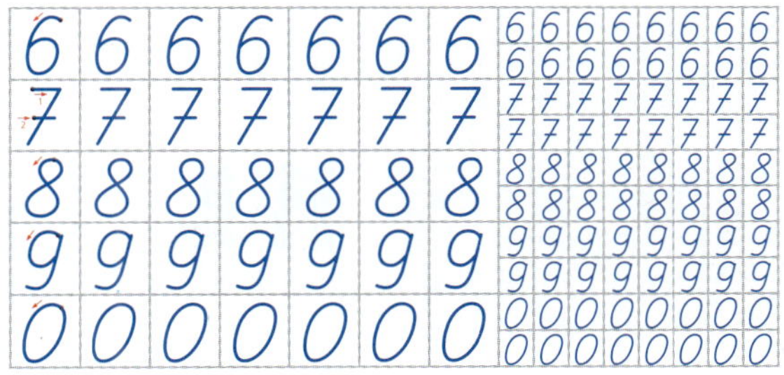

6 6 6 6 6 6 6 6 6 6 6 6 6 6
7 7 7 7 7 7 7 7 7 7 7 7 7 7
8 8 8 8 8 8 8 8 8 8 8 8 8 8
9 9 9 9 9 9 9 9 9 9 9 9 9 9
0 0 0 0 0 0 0 0 0 0 0 0 0 0

3 Zähle und trage die Zahl ein.

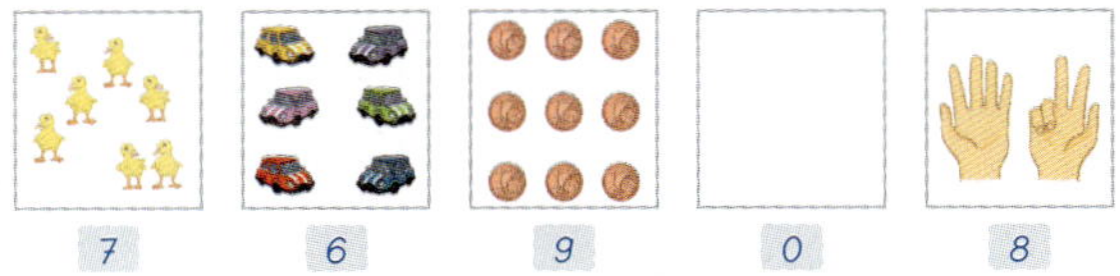

7   6   9   0   8

4 Trage die Zahl ein oder zeichne.

  7
6   ٦
٧   7
8   ٧
٩   9
0   ٠
  8

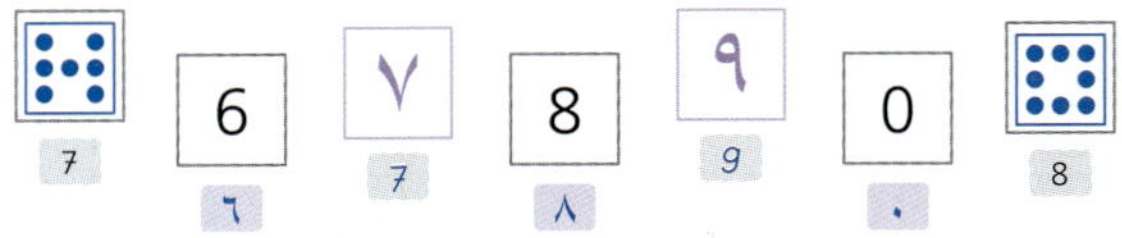

Zahlen von 6 bis 10 | Arbeitsmitteldarstellungen bis 10

6	7	8	9	10
sechs	sieben	acht	neun	zehn
«زيكْس»	«زيبْن»	«آخْت»	«نُوْين»	«تِسِن»

1 Zähle oder male an.

7

10

8

sechs

neun

fünf

6

2 Verbinde.

sieben · 6 · neun · 1 · 5 · 3 · acht · vier · zehn

Flächenformen und Farben

Kreis	Quadrat	Rechteck	Dreieck
«كْرايْس»	«كْفادْرات»	«رِشْتِاك»	«درايْاك»

rot	gelb	blau	orange	grün	lila
«رُوت»	«غيلْبْ»	«بْلاو»	«أُوْرانج»	«غْرِون»	«لِيْلا»

1 Male an.

Das Quadrat ist blau.
Das Rechteck ist rot.
Der Kreis ist lila.
Das Dreieck ist orange.

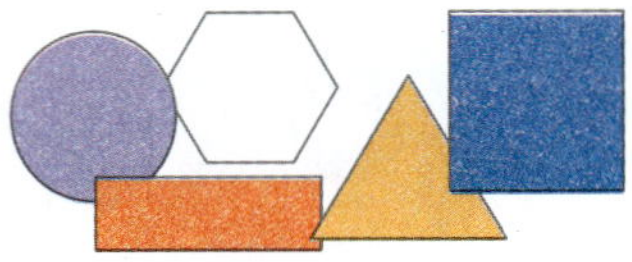

2 Verbinde.

Kreis · grün · Quadrat · blau · orange · gelb · Rechteck · Dreieck

3 Zähle und trage ein.

3	gelbe Quadrate	9	Quadrate
6	grüne Quadrate	3	Kreise
4	rote Rechtecke	3	Dreiecke
2	grüne Dreiecke	4	Rechtecke
2	blaue Kreise		

Größer, kleiner und gleich

3 > 1

2 < 3

2 = 2

3 ist größer als 1

2 ist kleiner als 3

2 ist gleich 2

«إِسْت غُروْسَر ألْس» · «إِسْت كلايْنَر ألْس» · «إِسْت غْلايْش»

1 Trage die Zahlen und das Zeichen ein.

3 < 4   5 = 5   6 > 4   1 < 6

2 Trage >, < oder = ein.

	< 6	4 > drei	neun > sieben
8 < zehn	eins = 1	sechs =	
	< neun		zehn > zwei

3 Trage passende Zahlen und >, < oder = ein.

٣ < 4   zehn > ٧   2 > ١ *
8 = ٨   ٢ < acht   4 = ٤ *
3 > ٢ *   ٤ = vier   ٢ < 4 *
8 > ٦ *   sechs = ٦   10 > ٧ *

Zahlen von 11 bis 20

11 elf	«إِلْف»	16 sechzehn	«زِش تِسِن»
12 zwölf	«تسْفِوْلْفْ»	17 siebzehn	«زيبْتِسِن»
13 dreizehn	«درايْتِسِن»	18 achtzehn	«آخْتِسِن»
14 vierzehn	«فياتِسِن»	19 neunzehn	«نويْنِتِسِن»
15 fünfzehn	«فونْفْتِسِن»	20 zwanzig	«تسْفانْتسيك»

1 Trage die fehlenden Zahlen ein.

11	١١	14	١٤	16	١٦	19	١٩
12	١٢	15	١٥	17	١٧	20	٢٠
13	١٣			18	١٨		

2 Verbinde.

11 · 10 · 6 · zwanzig · sechs zehn · elf
16 · 20 · eins zehn · zwanzig
20 · 11 · siebzehn
12 · 10 · 7 · zwei zehn · zwölf
17 · 12 · sieben zehn · sechzehn

3 Ergänze die fehlenden Zahlwörter.

10 · acht zehn

18	achtzehn		
13	dreizehn	14	vierzehn
19	neunzehn	15	fünfzehn

* Beispiellösung

Vernetzung bisheriger Begriffe

1 eins	4 vier	7 sieben	10 zehn
2 zwei	5 fünf	8 acht	11 elf
3 drei	6 sechs	9 neun	12 zwölf

1 Verbinde und trage die Anzahl ein.

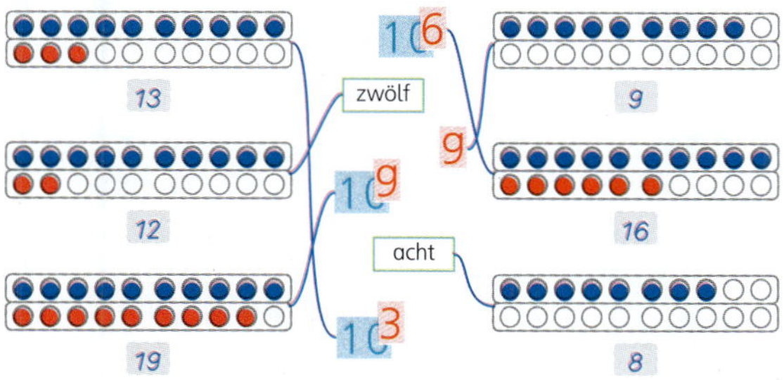

13 — 16 — 9
12 — 9 — 16
19 — 13 — 8

zwölf
acht

2 Male die richtige Anzahl. *

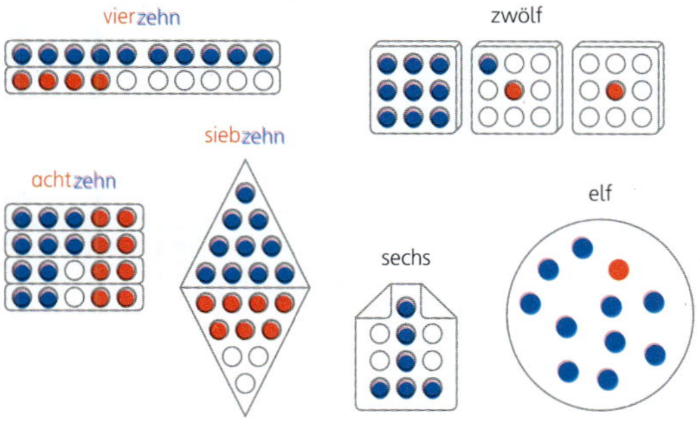

vierzehn   zwölf
siebzehn
achtzehn   sechs   elf

* Beispiellösung

Vernetzung bisheriger Begriffe

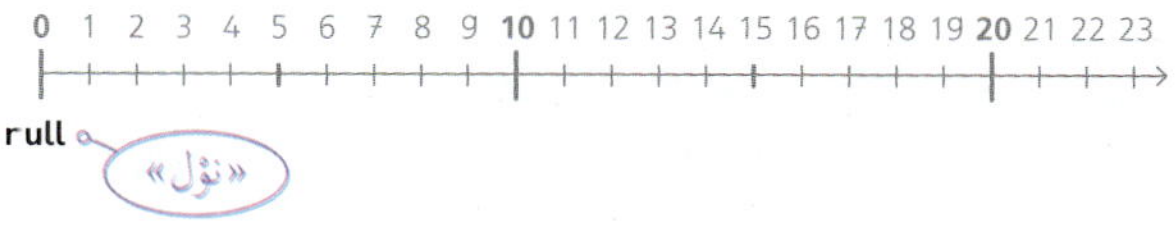

0 1 2 3 4 5 6 7 8 9 **10** 11 12 13 14 15 16 17 18 19 **20** 21 22 23

null «نُول»

1 Verbinde.

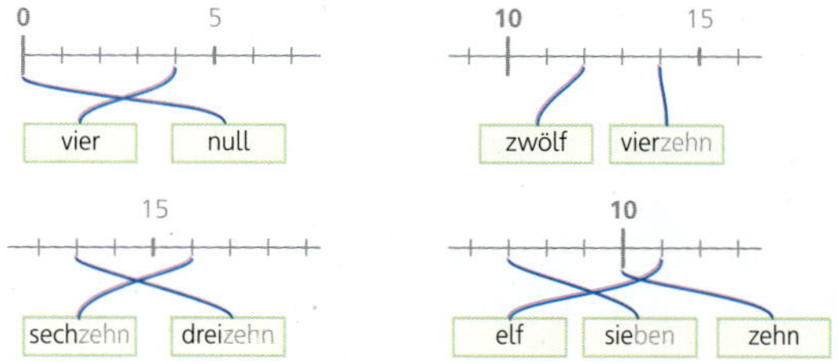

0   5
vier   null

10   15
zwölf   vierzehn

15
sechzehn   dreizehn

10
elf   sieben   zehn

2 Trage die fehlenden Zahlwörter ein.

fünf	zehn	fünfzehn
sechs	elf	sechzehn
sieben	zwölf	siebzehn
acht	dreizehn	achtzehn

3 Trage die fehlenden Zahlen ein.

| ٩ | 10 | ١١ | 12 | ١٣ | | 13 | ١٤ | 15 | 16 | ١٧ |
| 0 | ١ | ٢ | 3 | ٤ | | ١٦ | 17 | 18 | ١٩ | 20 |

4 Trage >, < oder = ein.

null < ٦   ١٣ = 13   zwölf > 11   ١٩ < ٢٠

Uhrzeiten – ganze Stunden

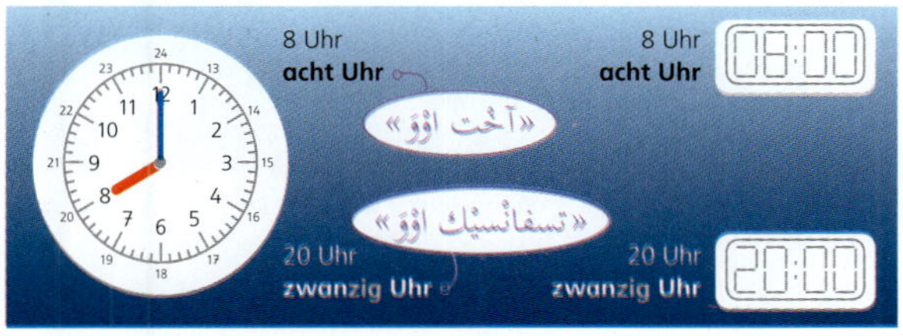

8 Uhr **acht Uhr**   8 Uhr **acht Uhr**   08:00
«آخت اوُوْ»
«تسفانْسِيكْ اوُوْ»
20 Uhr **zwanzig Uhr**   20 Uhr **zwanzig Uhr**   20:00

1 Verbinde.

fünfzehn Uhr   zwölf Uhr   23 Uhr   2 Uhr
11 Uhr   neun Uhr

2 Schreibe die Uhrzeit auf.

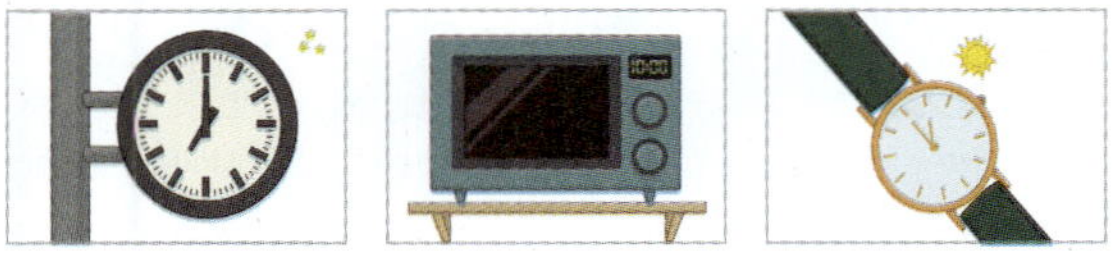

neunzehn Uhr   zehn Uhr   dreizehn Uhr

3 Zeichne die Zeiger ein.

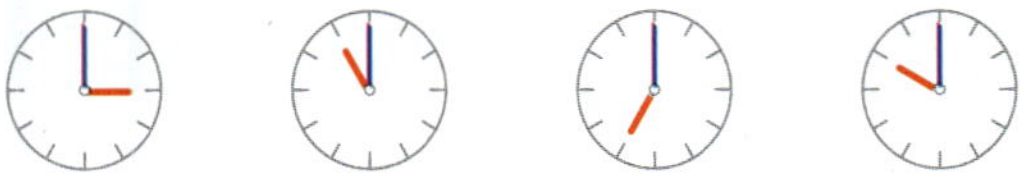

3 Uhr   elf Uhr   neunzehn Uhr   22 Uhr

Addition – Begriff „zusammen"

«فِي فِيلَة»

Wie viele rote Kreise sind es?
Es sind 3 rote Kreise.

Wie viele grüne Kreise sind es?
Es sind 5 grüne Kreise.

Wie viele Kreise sind es **zusammen**?
Zusammen sind es 8 Kreise.

«تسْفُوزامِنْ»

1 Wie viele sind es?

Wie viele blaue Dreiecke sind es?
Es sind 4 blaue Dreiecke.

Wie viele Dreiecke sind es zusammen?
Zusammen sind es 8 Dreiecke.

Wie viele Quadrate sind es zusammen?
Zusammen sind es 10 Quadrate.

Wie viele grüne Quadrate sind es?
Es sind 6 grüne Quadrate.

2 Zeichne. Trage die Zahl ein.

Es sind 3 blaue Dreiecke.
Es sind 4 rote Dreiecke.
Zusammen sind es 7 Dreiecke.

Es sind 6 lila Kreise.
Es sind 4 gelbe Kreise.
Zusammen sind es 10 Kreise.

Das Übungsheft Willkommen in Deutschland Mathematik I – Lösungen (Seite 14–17)

Addition – Begriff „dazu"

Es sind **3** Kinder. **2** Kinder kommen **dazu**. Jetzt sind es **5** Kinder.

«داتسو»

1 Ergänze die Zahlen.

Es sind **4** Autos. **3** Autos kommen dazu. Jetzt sind es **7** Autos.

2 Ergänze die Zahlen.

Es sind **6** Schafe. **3** Schafe kommen dazu. Jetzt sind es **9** Schafe.

3 Ergänze.

Es sind — **2** Hasen *kommen* — *Jetzt sind es*

4 Hasen. *dazu*. **6** Hasen.

Addition – Begriff „plus"

$3 + 5 = 8$ — 3 — $+ 5$ — $= 8$

drei **plus** fünf ist gleich acht

«بلوس»

1 Verbinde und ergänze.

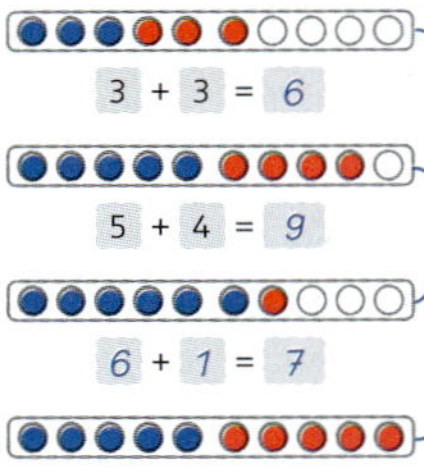

$3 + 3 = 6$
$5 + 4 = 9$
$6 + 1 = 7$
$5 + 5 = 10$

sechs plus eins ist gleich sieben
drei plus drei ist gleich sechs
fünf plus fünf ist gleich zehn
fünf plus vier ist gleich neun

2 Verbinde.

$7 > 2$ — sieben ist größer als zwei

zehn plus fünf

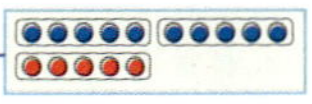

$3 + 10$ — $7 + 2$ — dreizehn

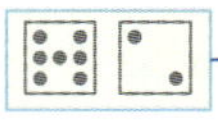

eins plus zwei plus drei

Übungen zur Addition (plus)

231 1 Rechne.

$3 + ٣ = 6$	$٥ + 5 = 10$	$1 + 6 = ٧$	$2 + ٤ = 6$
$3 + ٤ = 7$	$٤ + 5 = 9$	$1 + 5 = ٦$	$3 + ٤ = 7$
$3 + ٥ = 8$	$٣ + 5 = 8$	$1 + 4 = ٥$	$4 + ٤ = 8$
$3 + ٦ = 9$	$٢ + 5 = 7$	$1 + 3 = ٤$	$5 + ٤ = 9$

23 2 Rechne.

vier + ١٠ = **14**   ١٠ + sechs = **16**
zehn + ٨ = **18**   zehn + ٧ = **17**
٣ + zehn = **13**   ٩ + neun = **18**

3 Rechne. Schreibe die Zahl oder das Zahlwort.

drei + 3 = **6** $5 + 2 = 7$

zwei + 10 = **zwölf**

$10 + 5 =$ **fünfzehn**

fünf plus 6 = **elf**   vier + 4 = **8**

10 plus vier = **vierzehn**

fünfzehn
~~elf~~
~~vierzehn~~
zwölf

4

10
fünf + **5**
sechs + **4**
neun + 1
drei + **7**
zehn + 0

16
1 + **fünfzehn**
2 + **vierzehn**
3 + **dreizehn**
4 + **zwölf**
5 + elf

Subtraktion – Begriff „weg"

Es sind **7** Schafe. **2** Schafe laufen **weg**. Jetzt sind es **5** Schafe.

«فك»

1 Ergänze die Zahlen. Zeichne das letzte Bild zu Ende.

Es sind **10** Vögel. **6** Vögel fliegen weg. Jetzt sind es **4** Vögel.

2 Ergänze kommen dazu oder gehen weg.

2 Pferde *kommen dazu*. **3** Kinder *gehen weg*. **2** Mäuse *gehen weg*.

4 Kühe *kommen dazu*. **2** Frauen *gehen weg*. **4** Elche *gehen weg*.

Subtraktion – Begriff „minus"

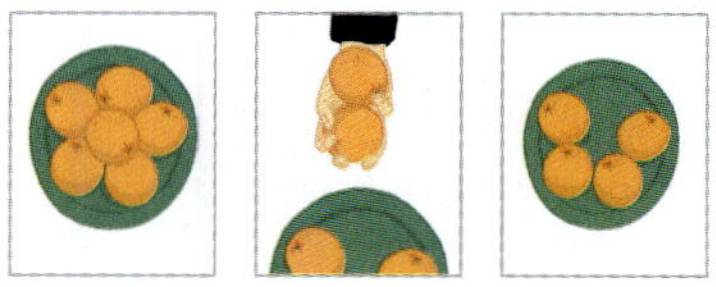

6   – 2   = 4

sechs **mi**nus zwei ist gleich vier

«مِينوس»

1 Verbinde und ergänze.

$7 - 2 = 5$

$6 - 3 = 3$

$9 - 5 = 4$

$4 - 3 = 1$

vier minus drei ist gleich eins

sieben minus zwei ist gleich fünf

sechs minus drei ist gleich drei

neun minus fünf ist gleich vier

2 Verbinde.

8 ist größer als 3   8 > 3

elf minus 3

8 minus 3

8 plus 3

Übungen zur Subtraktion (minus)

1 Rechne.

$10 - ٣ = 7$	$٩ - 4 = 5$	$8 - 7 = ١$	$8 - ٤ = 4$
$10 - ٤ = 6$	$٨ - 4 = 4$	$8 - 6 = ٢$	$9 - ٤ = 5$
$10 - ٥ = 5$	$٧ - 4 = 3$	$8 - 5 = ٣$	$10 - ٤ = 6$
$10 - ٦ = 4$	$٦ - 4 = 2$	$8 - 4 = ٤$	$11 - ٤ = 7$

2 Rechne.

vierzehn $- ١٠ = 4$ $16 - $ sechs $= ١٠$

siebzehn $- ٧ = 10$ $١٨ - $ acht $= 10$

$١٣ - $ zehn $= 3$ zwölf $- 6 = ٦$

3 Rechne. Schreibe die Zahl oder das Zahlwort.

neun $- 8 = 1$

$14 - 2 = 12$

2 plus $4 = 6$

12 minus $2 = $ zehn

elf $- 7 = $ vier

$4 + 7 = $ elf

fünf plus $2 = $ sieben

fünfzehn $- 10 = $ fünf

3 minus $2 = $ eins

sieben

vier

fünf

zehn

elf

eins

4 Rechne.

10	$\xrightarrow{-5}$	fünf	vierzehn	$\xrightarrow{-10}$	4
12	$\xrightarrow{-5}$	sieben	achtzehn	$\xrightarrow{-10}$	8
15	$\xrightarrow{-5}$	zehn	dreizehn	$\xrightarrow{-10}$	3
7	$\xrightarrow{-5}$	zwei	zwanzig	$\xrightarrow{-10}$	10

Begriffe „richtig" und „falsch"

$1 + 1 = 2$ ✓ **rich**tig   «رِيشْتِيك»

$2 + 2 = 5$ ✗ **falsch**   «فالْش»

$5 + 5 = 8$ ✗ falsch

$3 + 1 = 4$ ✓ richtig

Kreis ✓ richtig

Quadrat ✗ falsch

1 Richtig oder falsch?

$٢ + ٢ = ٤$ ✓ richtig	$10 - 1 = ٩$ ✓ richtig
$٨ + 2 = 10$ ✓ richtig	$١٥ - 4 = 10$ ✗ falsch
$3 + 3 = ٧$ ✗ falsch	$8 + 10 = ١٨$ ✓ richtig
$7 + ٣ = 10$ ✓ richtig	$6 + ٤ = 7$ ✗ falsch *

2 Richtig oder falsch?

$15 - 5 = $ zehn ✓ richtig	$7 < 8$ ✓ richtig
$8 + 10 = 16$ ✗ falsch	elf < 10 ✗ falsch
$12 - 4 = $ neun ✗ falsch	neun > 1 ✓ richtig
$5 + 5 = $ zehn ✓ richtig	drei $= 3$ ✓ richtig

3 Richtig oder falsch?

Der Kreis ist rot. ✓ richtig

Das Rechteck ist blau. ✗ falsch

Es gibt drei Dreiecke. ✓ richtig

Ein Dreieck ist lila. ✓ richtig

Das Quadrat ist rot. ✗ falsch

Es gibt drei blaue Dreiecke. ✗ falsch

Addition und Subtraktion an Darstellungsmitteln

0 1 2 3 4 5 6 7 8   0 1 2 3 4 5 6 7 8

$4 + 3 = 7$ $6 - 4 = 2$

3 Schritte **nach vorn**   «ناحْ فُؤْن»

4 Schritte **zurück**   «تْسُرُّك»

1 Verbinde und ergänze das Ergebnis.

$10 + 3 = 13$

$8 + 9 = 17$

$5 + 9 = 14$

10   15

$7 + 6 = 13$

10   15

$11 + 4 = 15$

2 Rechne und male an.

$11 - 2 = 9$ $9 + 9 = 18$

$5 + 12 = 17$ $20 - 20 = 0$

neun + sechs $= 15$ zwölf minus 3 $= 9$

Das Übungsheft Willkommen in Deutschland Mathematik I – Lösungen (Seite 22–25)

Aufgabenfamilien und Nachbaraufgaben

3 Zahlen, 4 Aufgaben

«تسالين»
«آوقغاین»

2 5 3

$3 + 2 = 5$
$2 + 3 = 5$
$5 - 2 = 3$
$5 - 3 = 2$

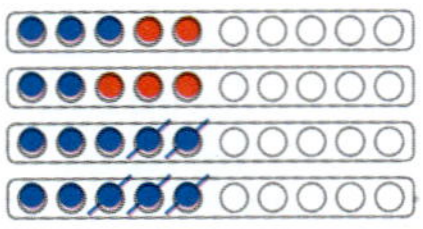

1 Schreibe immer alle 4 Aufgaben.

7 10 3   2 8 sechs   neun zehn

eins *

$7 + 3 = 10$ $2 + 6 = 8$ $9 + 1 = 10$
$3 + 7 = 10$ $6 + 2 = 8$ $1 + 9 = 10$
$10 - 3 = 7$ $8 - 6 = 2$ $10 - 1 = 9$
$10 - 7 = 3$ $8 - 2 = 6$ $10 - 9 = 1$

2 Finde viele Aufgaben.

plus   ist gleich
        3
zehn   minus
13   sechs   7

$13 - 7 = 6$
$13 - 6 = 7$ $10 - 7 = 3$
$3 + 7 = 10$ $6 + 7 = 13$
$10 + 3 = 13$ $13 - 3 = 10$
$7 + 3 = 10$
$3 + 10 = 13$
$10 - 3 = 7$

3 Rechne.

zehn + 6 = 16   zehn + 8 = 18   10 + vier = 14
neun + 6 = 15   neun + 8 = 17   9 + vier = 13

4 Rechne.

17 − zehn = 7   15 − zehn = 5   dreizehn − 10 = 3
17 − neun = 8   15 − neun = 6   dreizehn − 9 = 4

* Beispiellösung

Ordinalzahlen

das **ers**te Kind   «إرْسْته»
das **zwei**te Kind   «تْسْفایْته»
das **drit**te Kind   «دُرْیْته»   «فیرْ ته»
das **vier**te Kind   «فِنْفْته»
das **fünf**te Kind   «زِكْسْته»
das **sechs**te Kind   «زِیْبْته»
das **sieb**te Kind   «آخْته»
das **ach**te Kind   «نوْیْنْته»
das **neun**te Kind   «تْسِنْته»
das **zehn**te Kind

1. ETAGE SPIELWAREN-ABTEILUNG

1. 2. 3. 4. 5. 6. 7. 8. 9. 10.

1 Male an. Trage auch die Zahlen ein.

Der zweite Kreis ist rot.
Der sechste Kreis ist blau.
Der dritte Kreis ist gelb.
Der siebte Kreis ist grün.

1. 2. 3. 4. 5. 6. 7.

2 Ergänze die Sätze.

Das ____erste____ Dreieck ist blau.
Das dritte Dreieck ist ____rot____.
Das vierte Dreieck ist ____grün____.
Das Quadrat ist ____blau____.

3 Richtig ✓ oder falsch ✗?

Das achte Rechteck ist blau.   ✓
Das zweite Rechteck ist gelb.   ✗
Es gibt zwei gelbe Rechtecke.   ✓
Das dritte Rechteck ist orange.   ✗

Körper

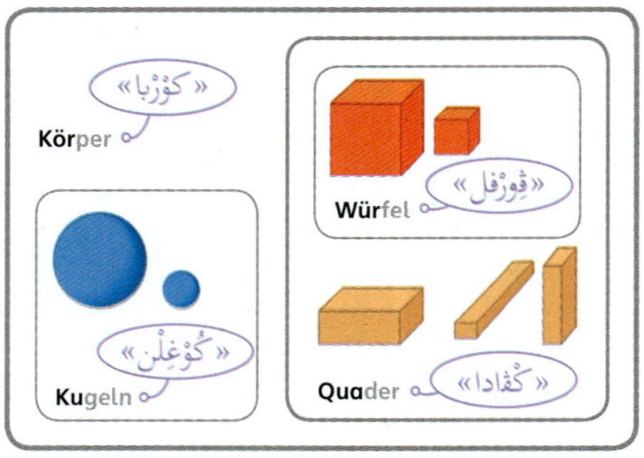

«كُوْرْبا»
Körper

«فِوْرْفِل»
Würfel

«غْروس»
groß
klein
«كلایْن»

«كُوْغِلْن»
Kugeln

«كْفْادا»
Quader

rot
gelb
grün
blau
lila
orange

1 Male an.

Der Würfel ist lila.
Die Kugel ist grün.

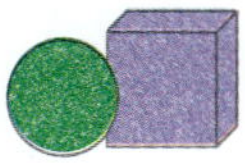

Der Quader ist rot.
Die Kugeln sind orange.

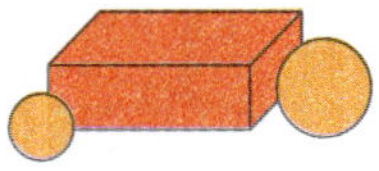

2 Richtig ✓ oder falsch ✗?

Die grüne Kugel ist groß.   ✓
Der große Würfel ist rot.   ✗
Der kleine Quader ist lila.   ✓
Der große Quader ist klein.   ✗

3 Wie viele sind es?

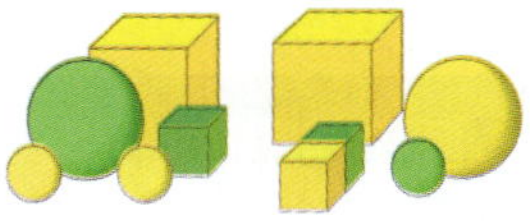

3 gelbe Kugeln   5 Würfel
3 kleine Kugeln   10 Körper
2 kleine gelbe Kugeln
3 große gelbe Körper

Relative Lagen

«هِیْتا»
hinter
dem Würfel

«لیْنْكْس نیْبْن»
links neben
dem Würfel

«رِشْتْس نیْبْن»
rechts neben
dem Würfel

«فرا»
vor
dem Würfel

1 Verbinde.

vor
hinter
links neben
rechts neben

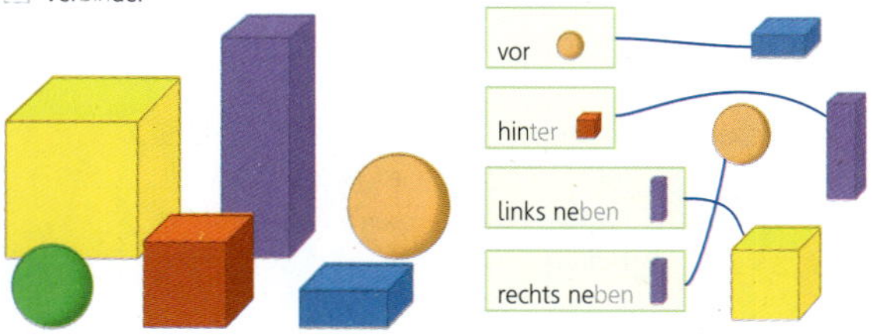

2 Male an.

Der rote Quader steht rechts
neben der gelben Kugel.

Der blaue Würfel steht links
neben der roten Kugel.

Der gelbe Würfel steht hinter
dem grünen Quader.

Zehnerzahlen bis 100

٠	١٠	٢٠	٣٠	٤٠	٥٠	٦٠	٧٠	٨٠	٩٠	١٠٠
0	10	20	30	40	50	60	70	80	90	100

1 Verbinde.

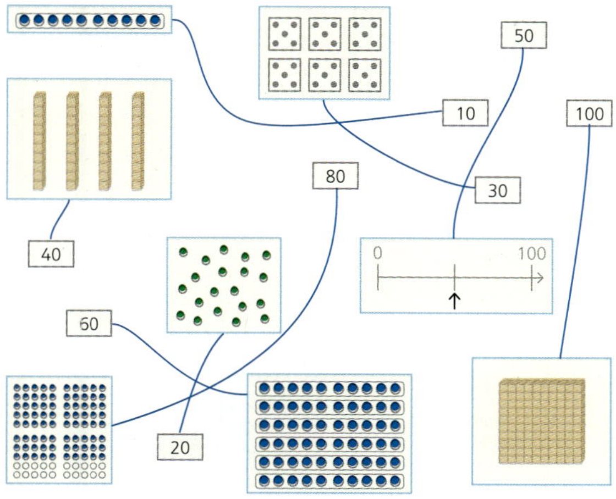

50
10
100
30
80
40
60
20

0 — 100

2 Trage die Zahlen in beiden Schreibweisen ein.

20 — 40   10 — 30   50 — 70

٣٠ 30   ٢٠ 20   ٦٠ 60

60 — 80   30 — 50   80 — 100

٧٠ 70   ٤٠ 40   ٩٠ 90

Zehnerzahlen bis 100

٠ 10 zehn	«تِسن»	60 sechzig	«زِشْتسيك»
٢0 zwanzig	«تسفانْتسيك»	70 siebzig	«زِيتْسيك»
30 dreißig	«درايْتسيك»	80 achtzig	«آخْتسيك»
٤0 vierzig	«فِيتْسيك»	90 neunzig	«نويْنْتسيك»
50 fünfzig	«فونْفْتسيك»	100 hundert	«هونْدَت»

1 Verbinde. Schreibe die Zahl und das Zahlwort.

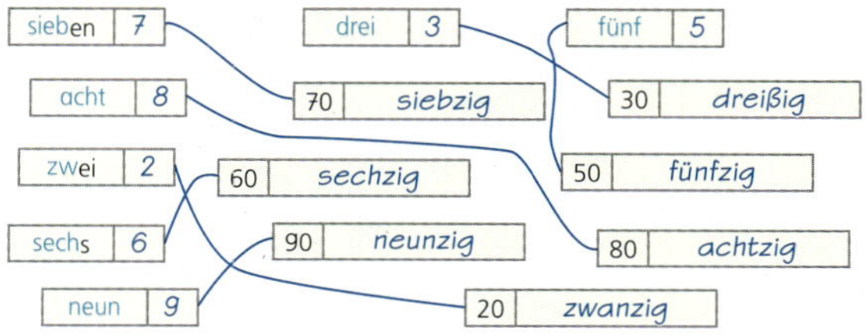

sieben	7		drei	3		fünf	5
acht	8	70	siebzig		30	dreißig
zwei	2	60	sechzig		50	fünfzig
sechs	6	90	neunzig		80	achtzig
neun	9			20	zwanzig

2 Trage den Trennstrich und die Zahl ein.

sech|zig   6|0
sech|zehn 1|6

neunzig	90	sechzehn	16
achtzehn	18	vierzehn	14
zwanzig	20	fünfzig	50
siebzig	70	vierzig	40
dreizehn	13	siebzehn	17

3 Schreibe mit Zahlen und Rechenzeichen.

siebzehn plus zwanzig	17 + 20	hundert minus elf	100 − 11
vierzig plus dreißig	40 + 30	fünfzig plus zwölf	50 + 12
achtzig ist größer als eins	80 > 1	siebzig minus zehn	70 − 10

Zehnerzahlen bis 100 – Analogieaufgaben

3 + 2 = 5   30 + 20 = 50

1 Ergänze die Aufgaben. Rechne.

5 + ٤ = 9	٣ + ٧ = 10	٢ + 6 = 8
50 + ٤٠ = 90	٣٠ + ٧٠ = 100	٢٠ + 60 = 80
٨ − ١ = 7	4 − 3 = 1	3 + ٦ = 9
٨٠ − ١٠ = ٧٠	40 − 30 = 10	30 + ٦٠ = 90

2 Notiere die fehlenden Zahlwörter und rechne.

fünf + 3 = 8   7 − drei = vier
fünfzig + 30 = 80   70 − _dreißig_ = _vierzig_

neun − sieben = 2   _fünf_ + _zwei_ = 7
neunzig − _siebzig_ = 20   fünfzig + zwanzig = 70

3 Verbinde die Aufgaben mit ihren Ergebnissen.

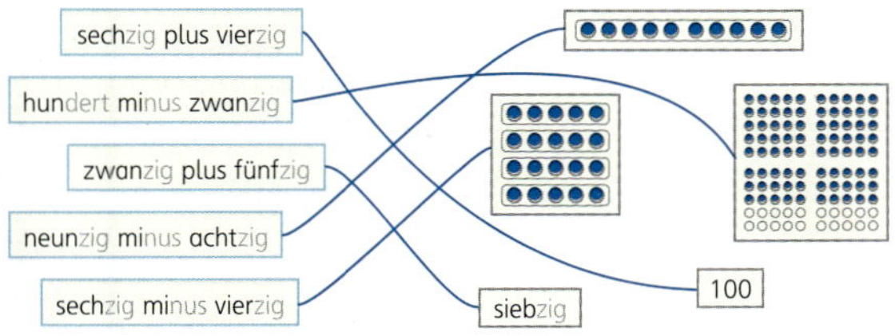

sechzig plus vierzig
hundert minus zwanzig
zwanzig plus fünfzig
neunzig minus achtzig
sechzig minus vierzig

siebzig
100

Geld

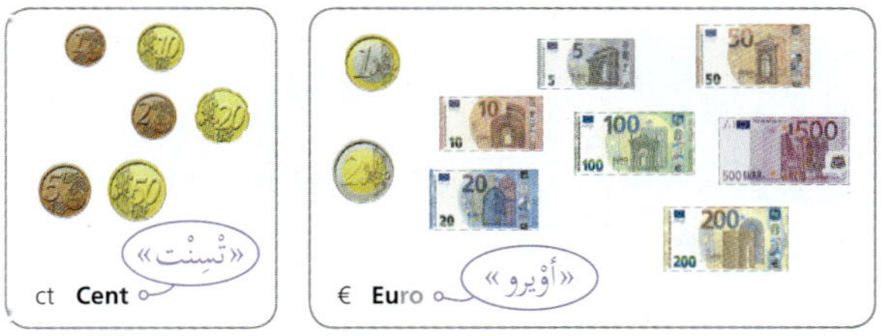

ct **Cent** «تْسنت»
€ **Euro** «أُويرو»

1 Schreibe den Betrag auf 2 Arten.

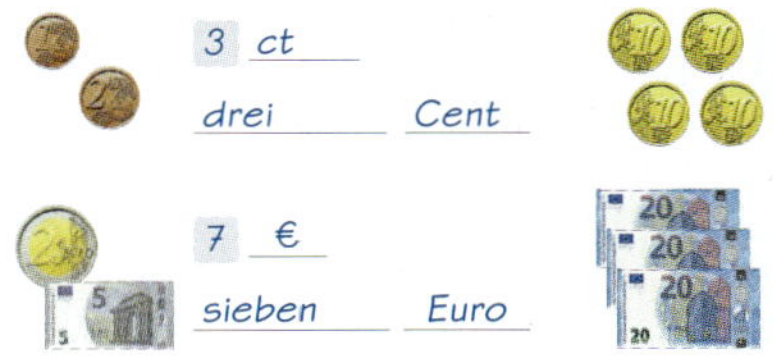

3 ct   40 ct
drei Cent   vierzig Cent

7 €   60 €
sieben Euro   sechzig Euro

2 Zeichne das Geld.

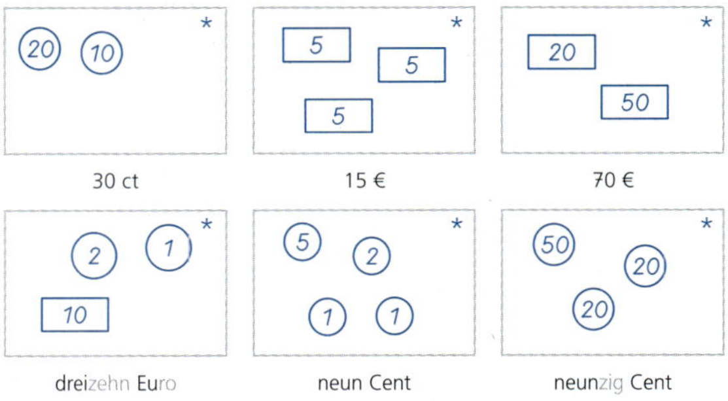

(20) (10) *
30 ct

5
5
5 *
15 €

20
50 *
70 €

(2) (1) *
10
dreizehn Euro

(5) (2) *
(1) (1)
neun Cent

(50) (20) *
(20)
neunzig Cent

Zahlen von 21 bis 100

1 Welche Zahlen gehören zusammen? Male an.

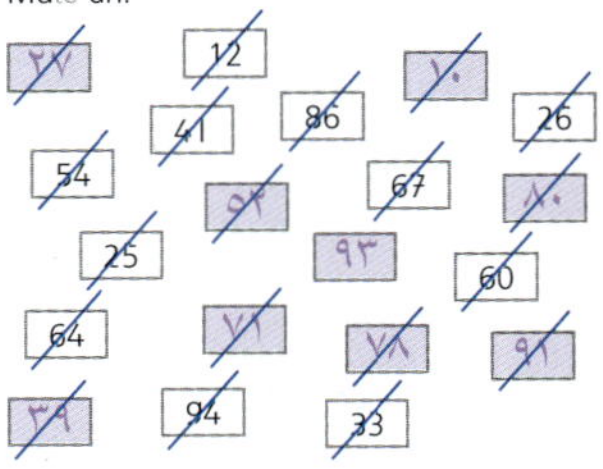

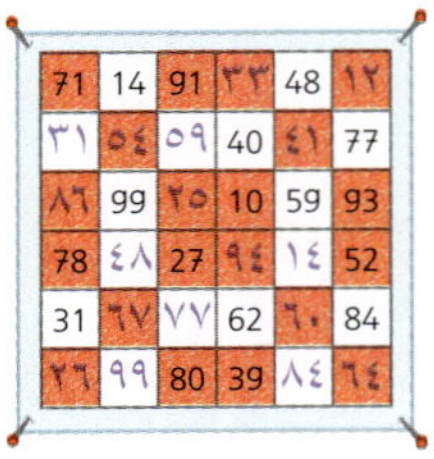

71	14	91	٣٣	48	١٢
٣١	٥٤	٥٩	40	٤١	77
٧٥	99	٢٥	10	59	93
78	٨٢	27	٩٤	١٤	52
31	٦٧	٧٧	62	٦٠	84
٦٢	٩٩	80	39	٨٤	٦٤

2 Verbinde und ergänze die fehlenden Zahlen.

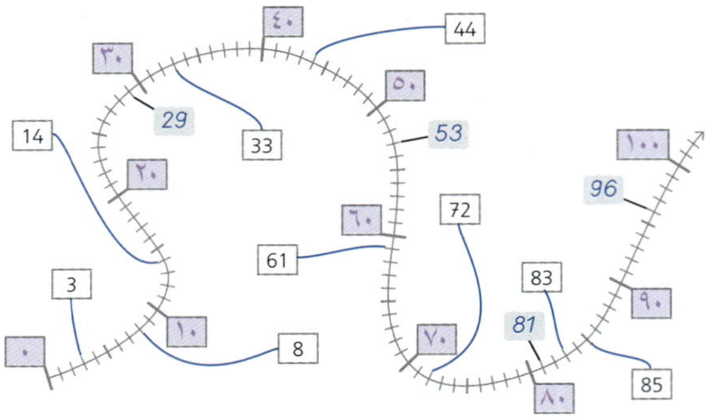

44, 29, 33, 14, 53, 96, 3, 61, 72, 83, 81, 8, 85

3
2 30 → ٣٢   ٧٧ → 7 70
9 40 → ٤٩   ٢٩ → 9 20
5 10 → ١٥   ٤٥ → 5 40

Zahlen von 21 bis 100 – Stellenwertzerlegungen

1 Schreibe wie im Beispiel.

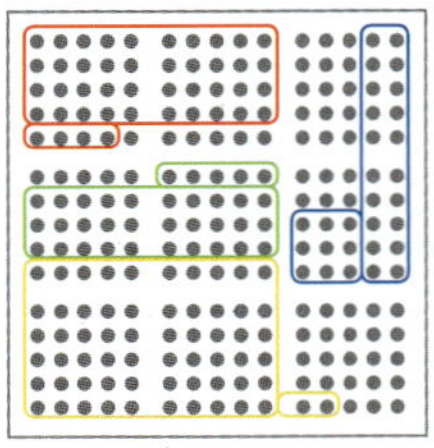

→ 40 vierzig
→ 4 vier
4 + 40 = vier und vierzig

→ 60 sechzig
→ 2 zwei
2 + 60 = zwei und sechzig

→ 20 zwanzig
→ 9 neun
9 + 20 = neun und zwanzig

fünf und dreißig

2 Umrande.

siebenundfünfzig   7   50
sechsundzwanzig   6   20
achtzehn   8   10
dreiundsiebzig   3   70

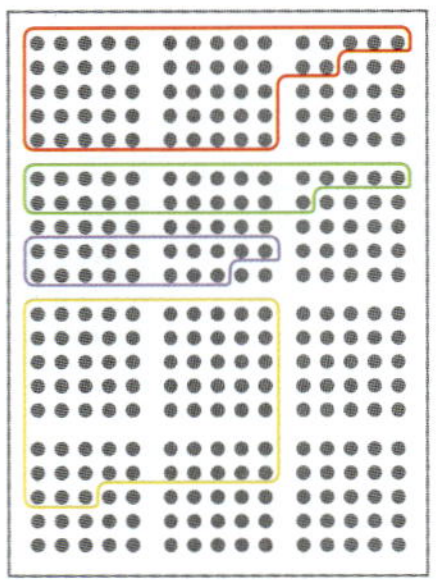

3 Zeichne.

10 10 5   *
fünfundzwanzig Cent

50 2 1   *
dreiundfünfzig Euro

Aufbau der Zahlwörter von Zahlen bis 100

23   dreiundzwanzig

Bei „eins" (1) muss ich aufpassen.

81   ein und achtzig   80   eins

1 Schreibe die Zahlen auf die Kärtchen und als Zahlwort.

49 → 40 9 → neun und vierzig 
Bus 24 → 20 1 → ein und zwanzig 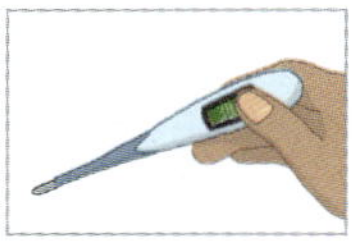
Thermometer → 30 8 → acht und dreißig

61 → 60 1 → einundsechzig 
77 → 70 7 → siebenundsiebzig 
14 → 10 4 → vierzehn

2 Trage die Trennstriche und die Zahl ein.

siebenundneunzig 97   vierunddreißig 34
einundvierzig 41   einundzwanzig 21
neunundachtzig 89   fünfundsechzig 65
sechsundfünfzig 56   achtzehn 18

Aufbau der Zahlwörter von Zahlen bis 100

1 Sind die Zahlwörter richtig ✓ oder falsch ✗?

neunzigdrei	✗	dreivierzig	✗	sechsundneunzig	✓
zweiundsechzig	✓	zehnneun	✗	vierzigundvier	✗
vierundachtzig	✓	neunzehn	✓	neunzigzwanzig	✗
zehnunddreißig	✗	einszehn	✗	vierundvierzig	✓

2 Setze Zahlwörter zusammen. *

fünf zwanzig und   dreißig zehn ein
zehn drei sechzig   und achtzig neun

fünfundzwanzig	25	einunddreißig	31
dreizehn	13	einundachzig	81
fünfzehn	15	neunzehn	19
dreiundzwanzig	23	neununddreißig	39
fünfundsechzig	65	neunundachtzig	89

3 Male die Kärtchen rechts in der richtigen Farbe an.

64	9	und	zehn
81	vier		50
17	ein	und	sechzig
neunsiebzig	sieb	und	zwanzig
56	sieben	und	10
27	acht	und	70
achtzehn	6		achtzig

Vorgänger und Nachfolger

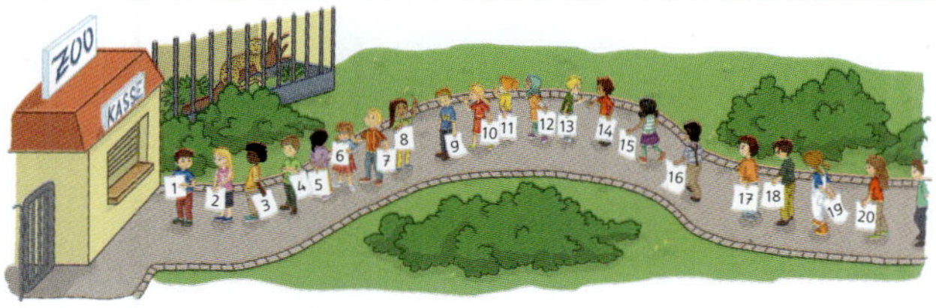

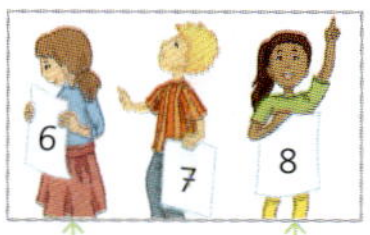

vor Kind 7 | nach Kind 7

Der **Vorgänger** von Kind 7 ist Kind 6.
«فورغينغا»
Der **Nachfolger** von Kind 7 ist Kind 8.
«ناخفولغا»

1 Trage die Zahl ein.

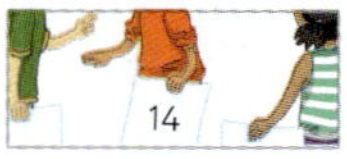

Der Vorgänger von Kind 14 ist Kind 13.
Der Nachfolger von Kind 14 ist Kind 15.

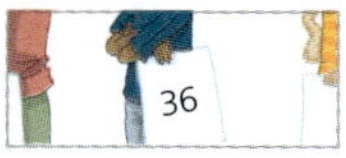

Der Vorgänger von Kind 36 ist Kind 35.
Der Nachfolger von Kind 36 ist Kind 37.

2 Ergänze die Zahlen oder die Zahlwörter.

Vorgänger	57	79	neunundzwanzig	68	null
Zahl	58	80	dreißig	69	eins
Nachfolger	59	81	einunddreißig	70	zwei

3 Trage die Zahl ein.

Vorgänger von siebenundvierzig 46
Nachfolger von neunundachtzig 90
Nachfolger von fünfzig 51
Vorgänger von vierzig 39

Orientierung in der Hundertertafel

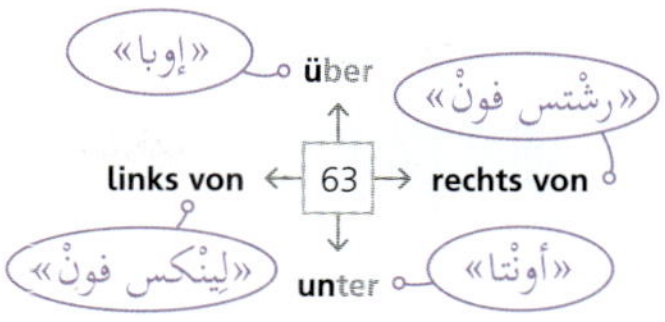
«اوبا»
über
«رِشْتس فون»
links von
63
rechts von
«لينْكس فون»
unter
«أونْتا»

1	2	3	4	5	6	7	8	9	10
11	12	13	14	15	16	17	18	19	20
21	22	23	24	25	26	27	28	29	30
31	32	33	34	35	36	37	38	39	40
41	42	43	44	45	46	47	48	49	50
51	52	53	54	55	56	57	58	59	60
61	62	63	64	65	66	67	68	69	70
71	72	73	74	75	76	77	78	79	80
81	82	83	84	85	86	87	88	89	90
91	92	93	94	95	96	97	98	99	100

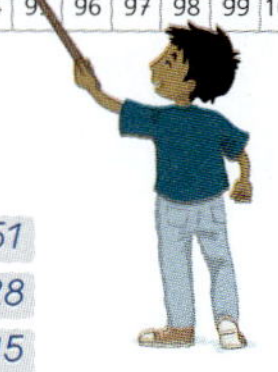

Über der 63 liegt die 53.
Unter der 63 liegt die 73.
Links von der 63 liegt die 62.
Rechts von der 63 liegt die 64.

1 Trage die Zahl ein und ergänze die Rechenaufgabe.

Links von der 52 liegt die 51. 52 − 1 = 51
Über der 38 liegt die 28. 38 − 10 = 28
Unter der 85 liegt die 95. 85 + 10 = 95
Rechts von der 69 liegt die 70. 69 + 1 = 70

2 Ergänze die Rechenaufgabe, den Satz und das Zahlwort.

46 ☆: 46 + 10 = 56
Unter der 46 liegt die 56.
☆ = sechsundfünfzig

♡ 49: 49 − 1 = 48
Links von der 49 liegt die 48.
♡ = achtundvierzig

△ 18: 18 − 10 = 8
Über der 18 liegt die 8.
△ = acht

31 □: 31 + 1 = 32
Rechts von der 31 liegt die 32.
□ = zweiunddreißig

Zahlen im Operatoraspekt – Begriff „mal"

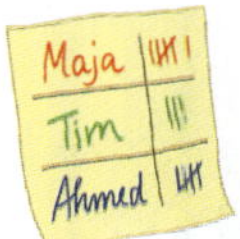
Maja
Tim
Ahmed

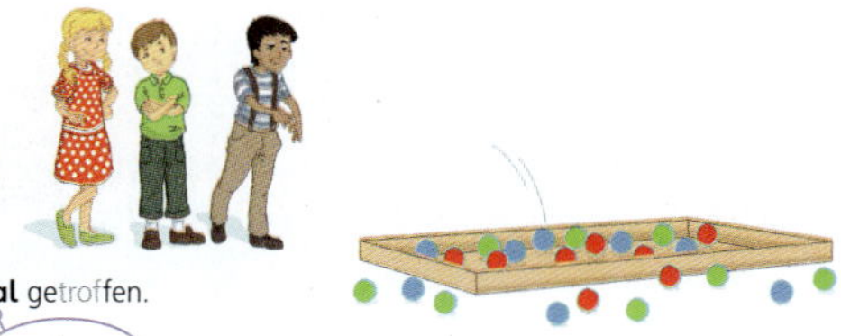

Maja hat 6 -**mal** getroffen.
«مال»

1 Ergänze die fehlende Anzahl.

Tim hat 3 -mal getroffen.
Ahmed hat 5 -mal getroffen.

2 Ergänze die Sätze.

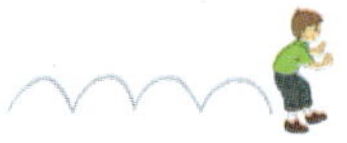

Tim ist 4 -mal gehüpft.
Tim ist viermal gehüpft.

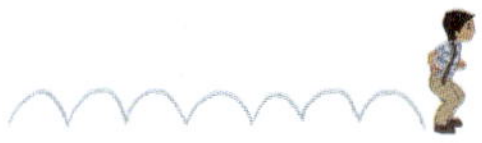

Ahmed ist 7 -mal gehüpft.
Ahmed ist siebenmal gehüpft.

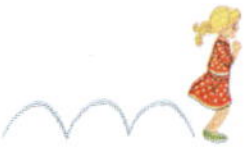

Maja ist 3 -mal gehüpft.
Maja ist dreimal gehüpft.

3 Schreibe als Rechenaufgabe. Rechne.

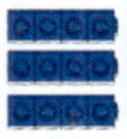

3 -mal 4
«مال»
3 · 4 = 12

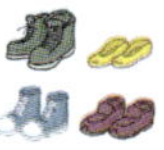

4 -mal 2
4 · 2 = 8

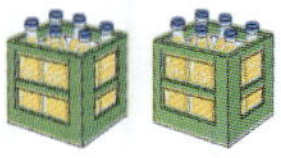

2 -mal 6
2 · 6 = 12

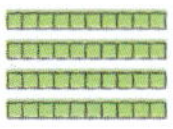

4 -mal 10
4 · 10 = 40

Multiplikation – Verbindung zwischen Addition und Multiplikation

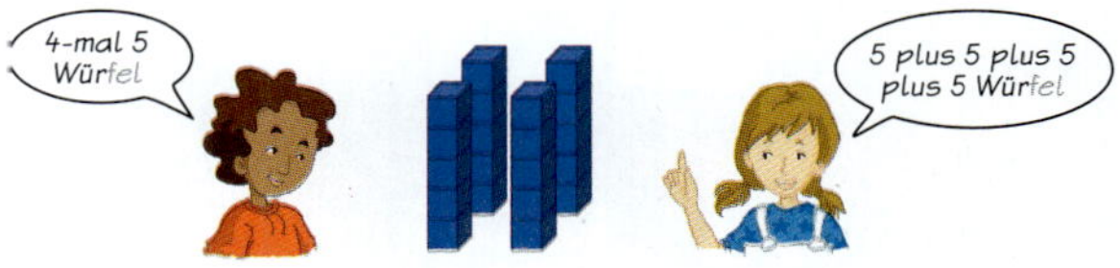
4-mal 5 Würfel
5 plus 5 plus 5 plus 5 Würfel

4 · 5 = 20
5 + 5 + 5 + 5 = 20

1 Verbinde.

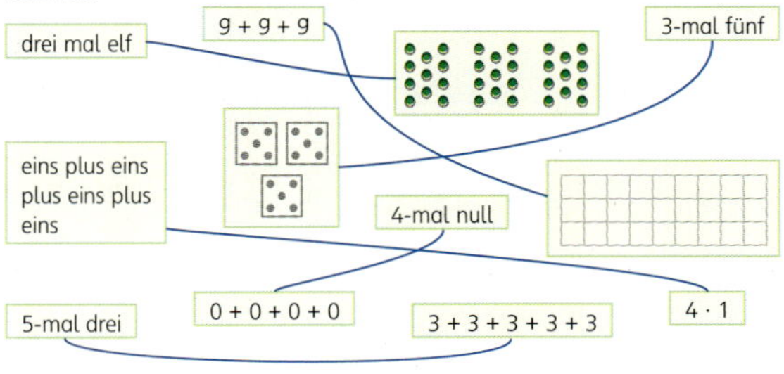
drei mal elf
9 + 9 + 9
3-mal fünf
eins plus eins plus eins plus eins
4-mal null
5-mal drei
0 + 0 + 0 + 0
3 + 3 + 3 + 3 + 3
4 · 1

2 Zeichne ein, schreibe die Rechenaufgabe oder rechne.

drei mal sieben
zwei mal acht

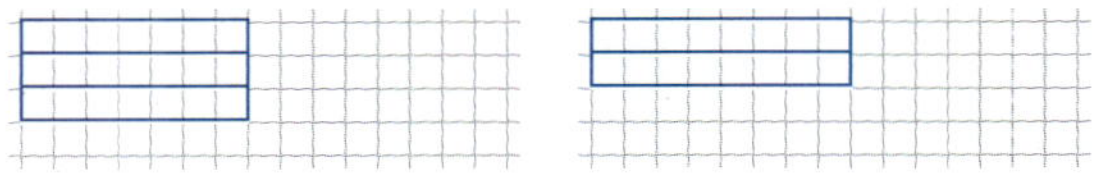

21 | 16

vier mal neun | drei mal zehn *

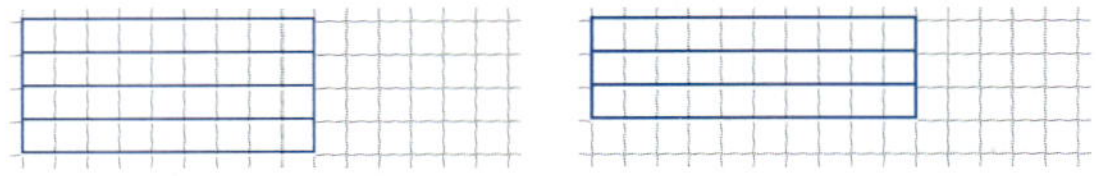

36 | 30

* Beispiellösung

Das Übungsheft Willkommen in Deutschland Mathematik I – Lösungen (Seite 38–41)

Das Doppelte – die Hälfte

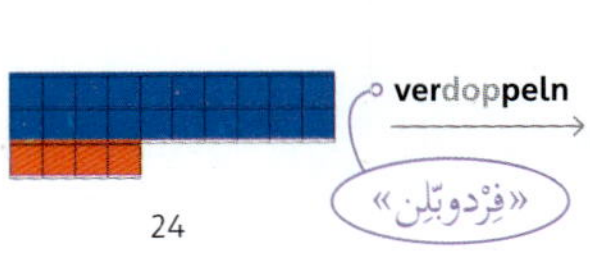

verdoppeln
«فَرْدوبِّلِن»

24

$2 \cdot 24 = 48$
$24 + 24 = 48$

Das **Doppelte** von 24 ist 48.

«دوبِّلْته»

1 Ergänze die Sätze.

Das Doppelte von 10 ist 20 .

Das _Doppelte_ von 8 ist 16.

Das _Doppelte_ von sechs ist _zwölf_ .

Das _Doppelte_ _von_ _sieben_ _ist_ vierzehn.

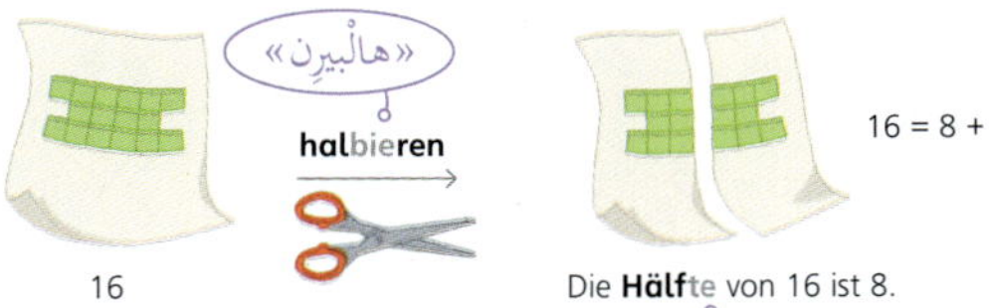

«هالْبيرِن»

halbieren

16

$16 = 8 + 8$

Die **Hälfte** von 16 ist 8.

«هَلْفْته»

2 Ergänze die Sätze.

Die _Hälfte_ von 40 ist 20.

Das _Doppelte_ von 3 ist 6.

Die Hälfte von 8 ist 4. Das Doppelte von 2 ist 4 .

3 Verbinde immer mit dem Doppelten.

zehn — sechs — ٧ — sechzehn — 9
٦٠ — ٢٠ — ١٨ — ٢
12 — 8 — eins
vierzehn — dreißig

Multiplikation – Verbindung zwischen 5er- und 10er-Reihe

8-mal 5

4-mal 10 ist gleich 40.

1 Verbinde.

3 · zehn — vier mal 10 — fünf · 10 — 7-mal zehn
zehn · zehn — dreißig — 6 · 10 — achtzig
40 — sechzig — siebzig — 50 — hundert — 8 · 10

2 Kreise ein und rechne.

$8 \cdot 5 = 40$ $6 \cdot 5 = 30$ $5 \cdot 5 = 25$

$9 \cdot 5 = 45$ $12 \cdot 5 = 60$

3 Richtig ✓ oder falsch ✗ ?

$5 \cdot 10 = $ fünfzehn ✗ $8 \cdot 10 = $ achtzig ✓
$7 \cdot 10 = $ siebzig ✓ $3 + 10 = $ dreißig ✗
$5 + 10 = $ fünfzehn ✓ $6 \cdot 10 = $ sechzehn ✗
$3 \cdot 10 = $ dreißig ✓ $9 \cdot 10 = $ neunzig ✓

Vorbereitung stellenweise Addition

30 + 12

1 Zeichne und rechne.

$40 + 18 = 58$ $30 + 11 = 41$ $70 + 9 = 79$ $80 + 14 = 94$

2 Rechne zusammen.

50 zehn drei	dreißig 10 5	20 vierzehn	siebzig acht zehn
63	45	34	88

3 Rechne zusammen.

٤٠ acht 10	sechzig 15	20 ١٢	٦ ٣٠ zehn
58	٧٥	32	٤٦

4 Rechne.

$70 + $ siebzehn $= 87$ $20 + $ zwölf $=$ _zweiunddreißig_

$40 + $ vierzehn $= 54$ $80 + $ elf $=$ _einundneunzig_

Stellenweise Addition

35 + 27

$35 + 27 = 6$
$30 + 20 = 5$
$5 + 7 = 12$

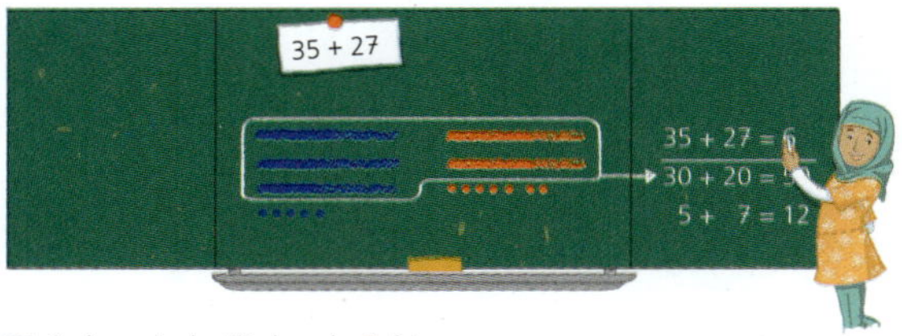

1 Rechne wie das Kind an der Tafel.

$33 + 15 = 48$ $19 + 53 = 72$
$30 + 10 = 40$ $10 + 50 = 60$
$3 + 5 = 8$ $9 + 3 = 12$

(50)(5)(1) $56 + 35 = 91$ $47 + 33 = 80$
$50 + 30 = 80$ $40 + 30 = 70$
(20)(10)(5) $6 + 5 = 11$ $7 + 3 = 10$

2 Rechne.

$43 + 28 = 71$	$15 + 64 = 79$	$39 + 29 = 68$	79
$40 + 20 = 60$	$10 + 60 = 70$	$30 + 20 = 50$	32
$3 + 8 = 11$	$5 + 4 = 9$	$9 + 9 = 18$	74
$73 + 19 = 92$	$16 + 16 = 32$	$37 + 37 = 74$	92
$70 + 10 = 80$	$10 + 10 = 20$	$30 + 30 = 60$	71
$3 + 9 = 12$	$6 + 6 = 12$	$7 + 7 = 14$	68

3 Ergänze die fehlenden Zahlen und rechne.

$36 + 18 = 54$ $45 + ٢٧ = 72$ $٦٣ + 22 = 85$
$٣٠ + ١٠ = ٤٠$ $٤٠ + 20 = ٦٠$ $٦٠ + 20 = ٨٠$
$6 + 8 = ١٤$ $5 + ٧ = ١٢$ $3 + 2 = ٥$

Rechnen bis zum Nachbarzehner

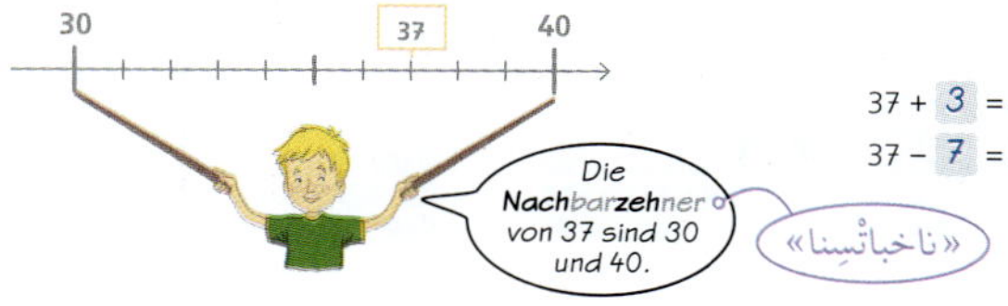

$37 + 3 = 40$
$37 - 7 = 30$

Die Nachbarzehner von 37 sind 30 und 40.

«ناخباتِسِنا»

1 Rechne zu den Nachbarzehnern.

$37 + 3 = 40$	$59 + 1 = 60$	$73 + 7 = 80$
$37 - 7 = 30$	$59 - 9 = 50$	$73 - 3 = 70$
$26 + 4 = 30$	$95 + 5 = 100$	$14 + 6 = 20$
$26 - 6 = 20$	$95 - 5 = 90$	$14 - 4 = 10$

2 Markiere auf der Hundertertafel.

siebenundvierzig $+ 3 = 50$
neunundsiebzig $+ 1 = 80$
zweiundneunzig $+ 8 = 100$
sechs $+ 4 = 10$
fünfundfünfzig $+ 5 = 60$
achtundzwanzig $+ 2 = 30$
einundachtzig $+ 9 = 90$
vierzehn $+ 6 = 20$

3 Ergänze die Wörter und Zahlen.

sechsund **sechzig** $+ 4 = 70$
acht undzwanzig $- 8 = 20$
neununddreißig $- 9 = 30$
siebenundvierzig $+ 3 = 50$
sechzehn $+ 4 = 20$

55 + fünf = sechzig
$84 -$ **vier** $= 80$
37 + drei = vierzig
$76 -$ **sechs** = **siebzig**
$31 +$ **neun** = vierzig

Schrittweise Addition mit Zehnerübergang

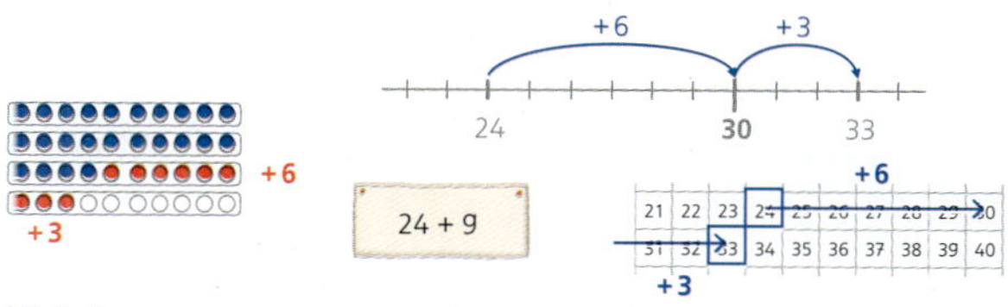

$24 + 9$

1 Rechne.

$44 + 7$
$44 + 6 + 1 = 51$

$63 + 9$
$63 + 7 + 2 = 72$

$39 + 5$
$39 + 1 + 4 = 44$

2 Zeichne und rechne.

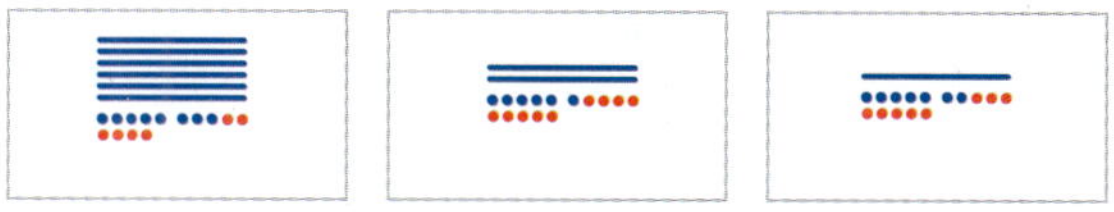

$68 + 6 = 74$ $26 + 9 = 35$ $17 + 8 = 25$

3 Streiche die Zerlegung durch und rechne.

$26 +$ acht $= 34$
$52 +$ neun $= 61$
$75 +$ sechs $= 81$

$4 = 2 + 2$ $8 = 4 + 4$
$3 = 1 + 2$ $9 = 8 + 1$
$6 = 5 + 1$ $7 = 6 + 1$

$59 +$ drei $= 62$
$84 +$ sieben $= 91$
$18 +$ vier $= 22$

4 Rechne.

$48 + 9$
$48 + ٢ + ٧ = 57$
$56 + 7$
$56 + ٤ + ٣ = 63$

$32 + 9$
$32 + ٨ + ١ = 41$
$19 + 5$
$19 + ١ + ٤ = 24$

$88 + 6$
$88 + ٢ + ٤ = 94$
$27 + 8$
$27 + ٣ + ٥ = 35$

Addition und Subtraktion reiner Zehnerzahlen

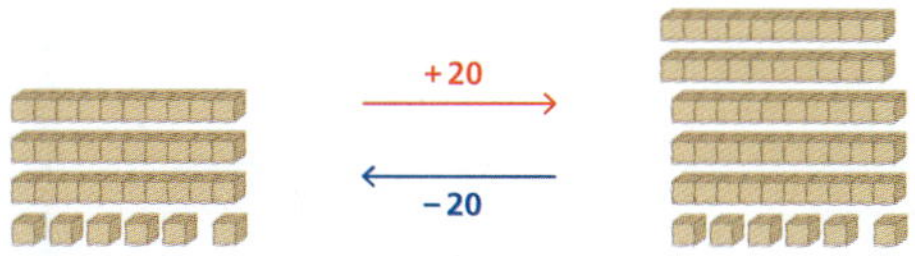

$+20$
-20

1 Markiere auf der Hundertertafel. Rechne.

$36 + 20 = 56$
$71 - 50 = 21$
$48 - 30 = 18$
$99 - 70 = 29$

22 **plus vierzig** $= 62$
53 **plus dreißig** $= 83$
77 **minus fünfzig** $= 27$
5 **plus neunzig** $= 95$

2 Ergänze die fehlenden Wörter und Zahlen.

sechsunddreißig $- 2 = 34$
79 plus $20 =$ **neunundneunzig**
achtundvierzig $- 30 = 18$
vierzehn **plus** $4 =$ **achtzehn**

3

* Beispiellösung

62
$42 + 20$
$32 + 30$
$12 + 50$

84
$24 + 60$
$42 + 42$
$10 + 74$

75
$30 + 45$
$20 + 55$
$35 + 40$

Schrittweise Addition

$38 + 25$

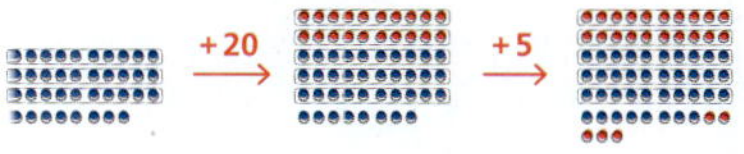

$+20$ $+5$

$38 + 25 = 63$
$38 + 20 = 58$
$58 + 5 = 63$

$38 + 20 = 58$ $58 + 5 = 63$

1 Rechne.

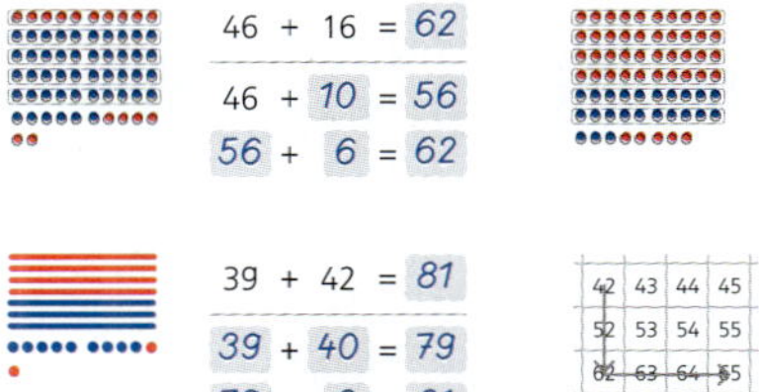

$46 + 16 = 62$
$46 + 10 = 56$
$56 + 6 = 62$

$23 + 45 = 68$
$23 + 40 = 63$
$63 + 5 = 68$

$39 + 42 = 81$
$39 + 40 = 79$
$79 + 2 = 81$

$42 + 23 = 65$
$42 + 20 = 62$
$62 + 3 = 65$

2 Rechne.

$68 + 15 = 83$
$68 + 10 = 78$
$78 + 5 = 83$

$44 + 23 = 67$
$44 + 20 = 64$
$64 + 3 = 67$

sechsundsiebzig

$19 + 12 = 31$
$19 + 10 = 29$
$29 + 2 = 31$

$36 + 36 = 72$
$36 + 30 = 66$
$66 + 6 = 72$

dreiundachtzig

zweiundsiebzig

$17 + 59 = 76$
$17 + 50 = 67$
$67 + 9 = 76$

$28 + 28 = 56$
$28 + 20 = 48$
$48 + 8 = 56$

sechsundfünfzig

siebenundsechzig

einunddreißig

Schrittweise Subtraktion mit Zehnerübergang

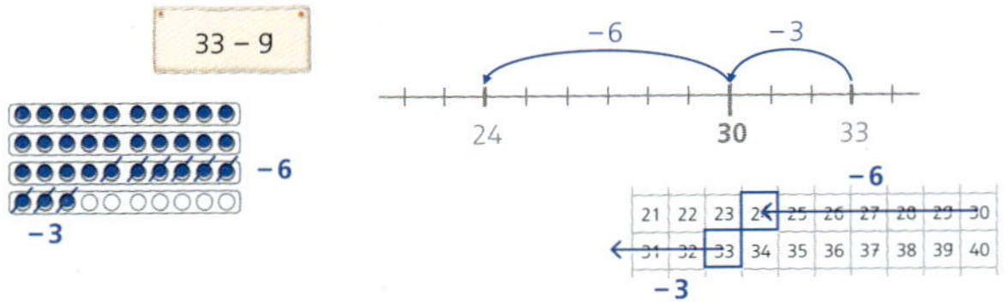

33 − 9

−6 −3

24   30   33

| 21 | 22 | 23 | 24 | 25 | 26 | 27 | 28 | 29 | 30 |
| 31 | 32 | 33 | 34 | 35 | 36 | 37 | 38 | 39 | 40 |

−6

−6

−3

−3

1 Streiche durch und rechne.

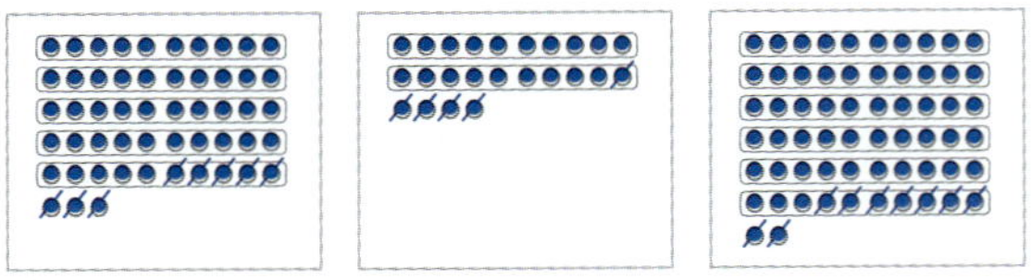

53 − 8
53 − 3 − 5 = 45

24 − 5
24 − 4 − 1 = 19

62 − 9
62 − 2 − 7 = 53

2 Zeichne die Pfeile ein und rechne.

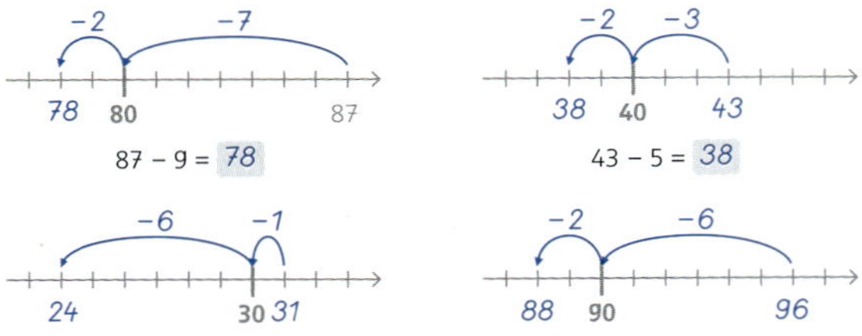

−2 −7
78 80   87
87 − 9 = 78

−2 −3
38 40 43
43 − 5 = 38

−6 −1
24   30 31
31 − 7 = 24

−2 −6
88 90   96
96 − 8 = 88

3 Rechne.

37 − ١٠ = 27
37 − ٩ = 28
37 − ٨ = 29

63 − ١٠ = 53
63 − ٩ = 54
63 − ٨ = 55

81 − ١٠ = 71
81 − ٩ = 72
81 − ٨ = 73

Schrittweise Subtraktion

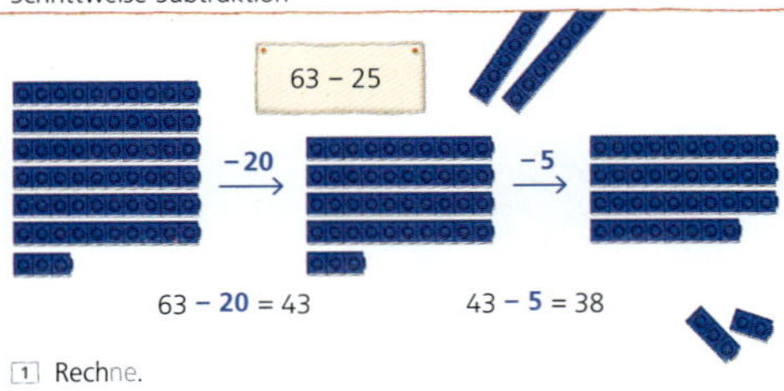

63 − 25

−20   −5

63 − 25 = 38
63 − 20 = 43
43 − 5 = 38

63 − 20 = 43   43 − 5 = 38

1 Rechne.

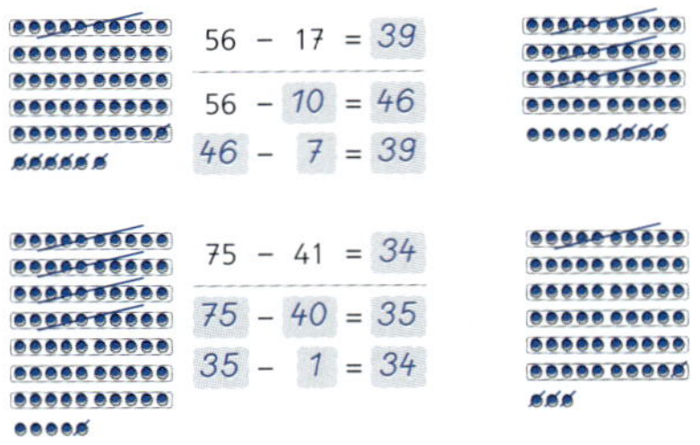

56 − 17 = 39
56 − 10 = 46
46 − 7 = 39

49 − 34 = 15
49 − 30 = 19
19 − 4 = 15

75 − 41 = 34
75 − 40 = 35
35 − 1 = 34

63 − 14 = 49
63 − 10 = 53
53 − 4 = 49

2 Rechne. Streiche zur Kontrolle die Wörter durch.

67 − 15 = 52	41 − 26 = 15
67 − 10 = 57	41 − 20 = 21
57 − 5 = 52	21 − 6 = 15

90 − 23 = 67	48 − 12 = 36
90 − 20 = 70	48 − 10 = 38
70 − 3 = 67	38 − 2 = 36

81 − 32 = 49	56 − 28 = 28
81 − 30 = 51	56 − 20 = 36
51 − 2 = 49	36 − 8 = 28

~~zwei~~   ~~und~~
~~zehn~~   ~~und~~   fünf
fünfzig   sechs
~~sechzig~~ ~~und~~ ~~neun~~
~~dreißig~~   ~~und~~
~~sieben~~ ~~und~~ ~~acht~~
~~zwanzig~~   vierzig

Operative Aufgabenformate

5 + 5 = 10   5 + 3 = 8   10 + 8 = 18

18
10 8
5 5 3

1 Rechne.

	11	
4		7
1	3	4

	44	
21		23
10	11	12

	26	
15		11
5	10	1

	38	
20		18
10	10	8

2 Trage die Zahlen an der richtigen Stelle ein.

	19	
10		9
7	3	6

~~sieben~~
~~neunzehn~~
~~zehn~~ ~~sechs~~
~~drei~~ ~~neun~~

	78	
28		50
8	20	30

fünfzig ~~acht~~
~~achtundsiebzig~~
~~zwanzig~~
~~dreißig~~
~~achtundzwanzig~~

3

17 7 10
10 3
13

2 + 3 = 5

5 3 4
2 1
3

3 + 1 = 4

2 + 1 = 3

4

20 15 21
5 6
11

8 5 9
3 4
7

5

25 13 ٣٠
١٢ 17
٢٩

11 ١١
٨
3 3
٦

Operative Aufgabenformate

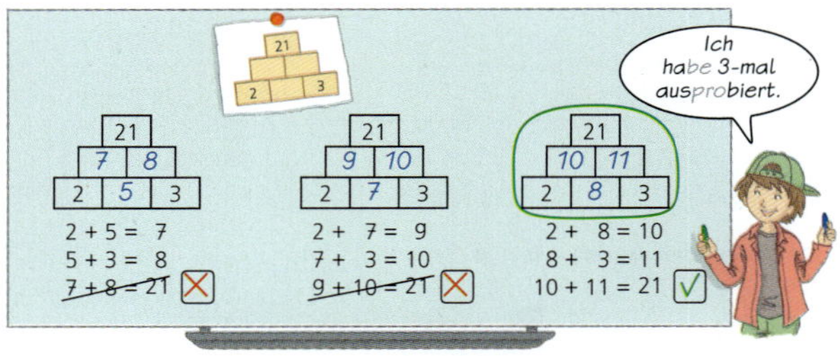

21
2 3

Ich habe 3-mal ausprobiert.

	21	
7		8
2	5	3

2 + 5 = 7
5 + 3 = 8
7 + 8 = 21 ✗

	21	
9		10
2	7	3

2 + 7 = 9
7 + 3 = 10
9 + 10 = 21 ✗

	21	
10		11
2	8	3

2 + 8 = 10
8 + 3 = 11
10 + 11 = 21 ✓

1 Probiere aus.

	30	
12		14
7	5	9

7 + 5 = 12
5 + 9 = 14
12 + 14 = 30 ✗

| | 30 | | *
| 13 | | 15 |
| 7 | 6 | 9 |

7 + 6 = 13
6 + 9 = 15
13 + 15 = 30 ✗

| | 30 | | *
| 14 | | 16 |
| 7 | 7 | 9 |

7 + 7 = 14
7 + 9 = 16
14 + 16 = 30 ✓

2 Rechne mit ✏ und 🖌.

	20	
9		11
4	5	6

	41	
20		21
10	10	11

	100	
45		55
10	35	20

3 Rechne mit ✏ und 🖌.

12 5 6
7 1
8

9 6 14
3 8
11

41 16 31
25 15
40

Division ohne Rest

12 Kinder **aufgeteilt** in 3er-Gruppen ergibt 4 Gruppen.

_12_ : 3 = 4

«آو فُغتايلْت»

12 Kinder **verteilt** auf 3 Gruppen ergibt 4er-Gruppen.

_12_ : 3 = 4
zwölf   **geteilt durch 3**   ist gleich vier

«فاتايلْت»
«غتايلْت دوش»

1 Teile auf.

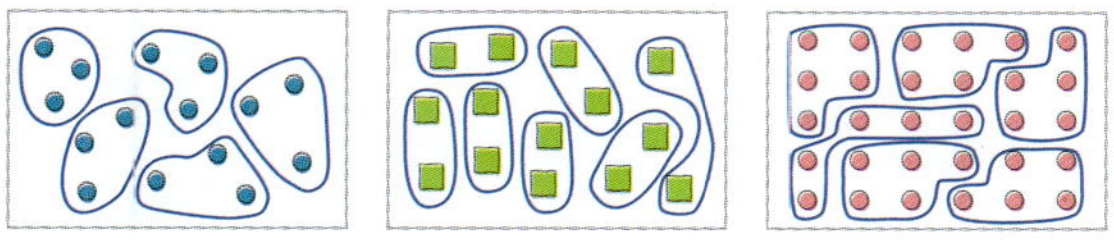

15 : 3 = _5_   14 : 2 = _7_   30 : 5 = _6_

2 Verteile. Zeichne die letzte Aufgabe zu Ende.

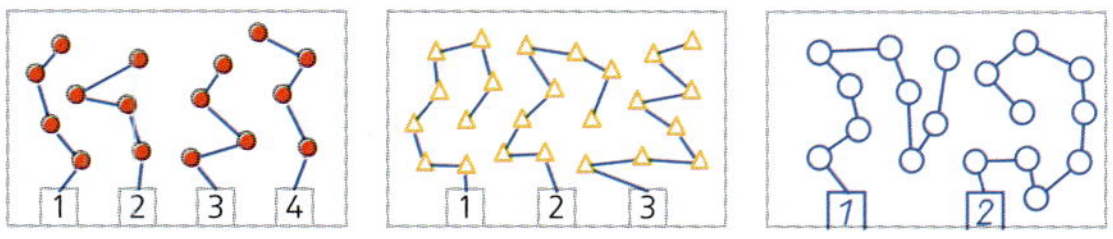

16 : 4 = _4_   24 : 3 = _8_   18 : 2 = _9_

Division mit Rest

14 : 3 = 4 R 2

Es bleiben 2 Kreise übrig. Der **Rest** ist 2.

Mein Rest ist auch 2.

«رِسْت»

14 geteilt durch 3 ist gleich 4 Rest 2.

1 Verbinde die Aufgabe mit dem Ergebnis.

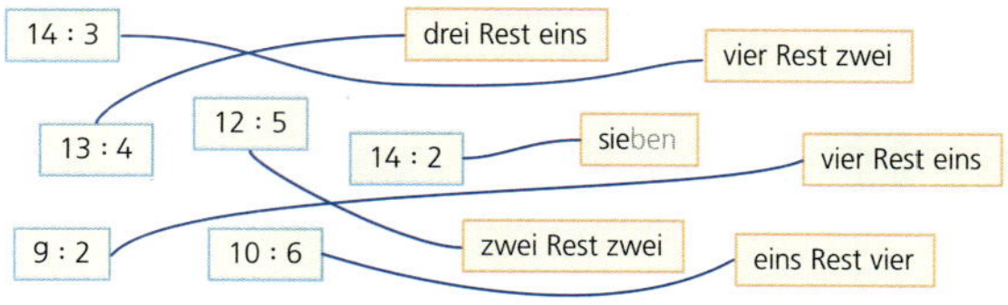

14 : 3 — vier Rest zwei
drei Rest eins
13 : 4   12 : 5   14 : 2 — sieben
vier Rest eins
9 : 2   10 : 6 — zwei Rest zwei
eins Rest vier

2 Rechne.

achtzehn geteilt durch 3 = _6_   15 : vier = _3_ Rest _3_

vierundzwanzig : 5 = _4_ R _4_   9 : drei = _drei_

40 geteilt durch 10 = _vier_   10 geteilt durch vier = _2_ R _2_

3 Rechne plus, minus, mal oder geteilt. Ergänze das Ergebnis als Wort oder als Zahl.

26 + 14 = _vierzig_   drei mal 11 = _33_
37 – 12 = _fünfundzwanzig_   null plus null = _0_
10 · vier = _vierzig_   sechzehn geteilt durch 2 = _8_
19 minus siebzehn = _zwei_   hundert minus 50 = _50_
zwanzig : vier = _fünf_   sechzehn plus 56 = _72_

Uhrzeiten mit Minuten

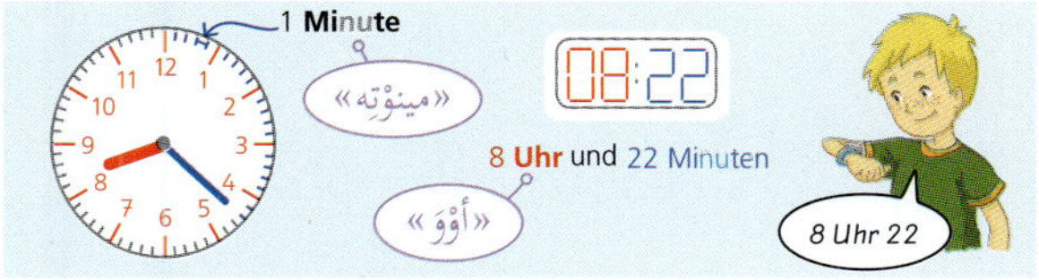

1 **Minute**
«مينوته»
«أُوْ»

08:22
8 **Uhr** und 22 Minuten
8 Uhr 22

1 Verbinde die Uhren mit den passenden Uhrzeiten. Ergänze die Uhrzeit.

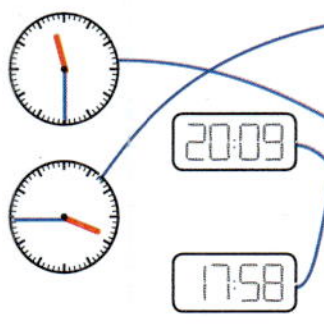

drei Uhr und _fünfundvierzig_ Minuten
siebzehn Uhr und _achtundfünfzig_ Minuten
20:09
elf Uhr und dreißig Minuten
17:58
zwanzig Uhr und neun _Minuten_

08:05 «ناخ» 5 nach 8
08:15 «فيرتل» Viertel nach 8
08:30 «هالْب» halb 9
08:45 «فيرتل» Viertel vor 9
08:52 «فوا» 8 vor 9

2 Bilde Uhrzeiten. *

Viertel   halb
vor   nach   fünf
zehn   neun

Viertel nach zehn   10:15
fünf vor neun   8:55
neun nach fünf   5:09
Viertel vor fünf   4:45
halb neun   8:30

Zeitspannen

Wie lange dauert es von 15.23 Uhr bis 15.31 Uhr?

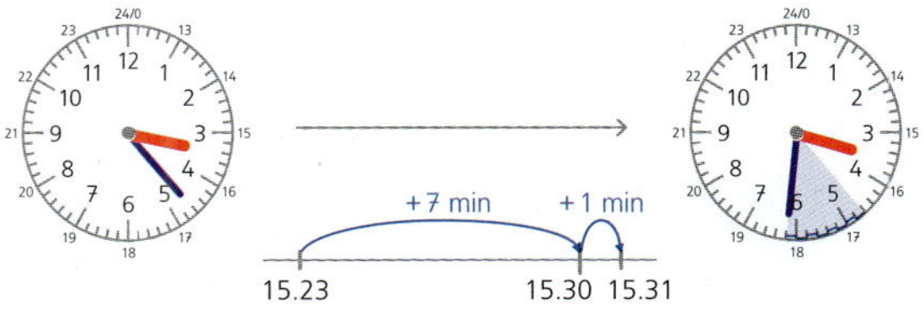

15.23   +7 min   15.30   +1 min   15.31

Von 15.23 Uhr bis 15.31 Uhr dauert es 8 Minuten.

1 Wie lange dauert es?

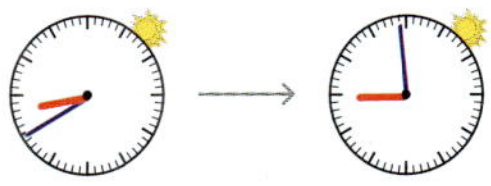

Es dauert _19_ Minuten.
23:10 → 23:44   Es dauert _34_ Minuten.
06:00 → 22:00   Es dauert _16_ Stunden.
Es dauert _12_ Stunden. 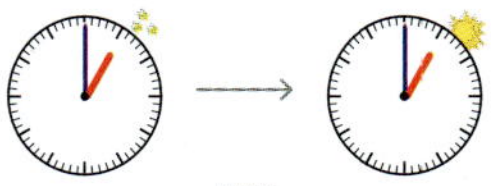

2 Ergänze die Uhrzeiten und Zeitspannen.

Anfang	Dauer	Ende
acht Uhr	_5_ Stunden	dreizehn Uhr
sechs Uhr zwanzig	10 Minuten	_sechs Uhr dreißig_
siebzehn Uhr	_6_ Stunden	dreiundzwanzig Uhr
neun Uhr zehn	_35_ Minuten	Viertel vor zehn

Längen – Begriffe „lang", „kurz", „länger als", „kürzer als"

Der Bleistift ist **lang**. «لانغ»

Der Bleistift ist **kurz**. «كورتس»

1 Lang oder kurz?

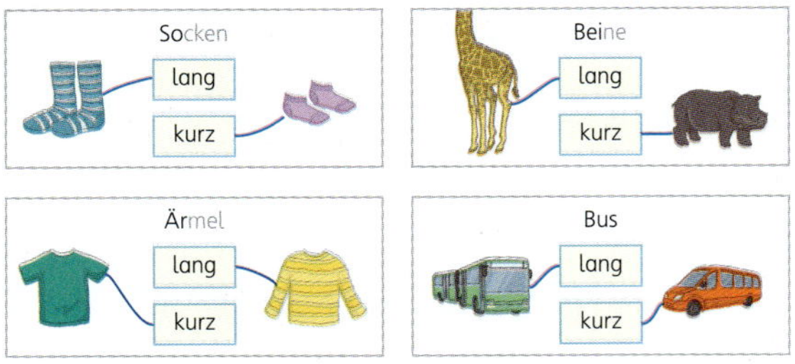

Socken — lang / kurz

Beine — lang / kurz

Ärmel — lang / kurz

Bus — lang / kurz

Das rote Rechteck ist **länger als** das gelbe. «لينغا ألس»

Das gelbe Rechteck ist **kürzer als** das rote. «كورتسا ألس»

Das blaue und das gelbe Rechteck sind **gleich lang**. «غلايش لانغ»

2 Ergänze die Sätze.

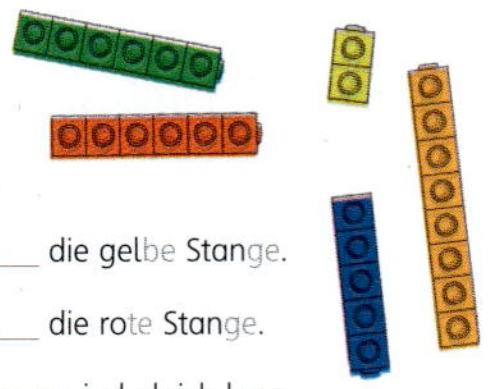

Die grüne Stange ist 6 Würfel lang.

Die blaue Stange ist 5 Würfel _lang_.

Die orange Stange ist _länger_ _als_ die gelbe Stange.

Die blaue Stange ist _kürzer_ _als_ die rote Stange.

Die _rote Stange_ und die _grüne_ Stange sind gleich lang.

Längen – Zentimeter und Meter

Kleine Längen messe ich mit dem Lineal. «لينيال»

Große Längen messe ich mit dem Maßband. «ماسباند»

17 cm

2 m

Der Stift ist 17 **Zentimeter lang**. «تسنتيمتا» «لانغ»

Die Tür ist 2 **Meter hoch**. «متا» «هوخ»

1 Wie lang oder hoch ist es?

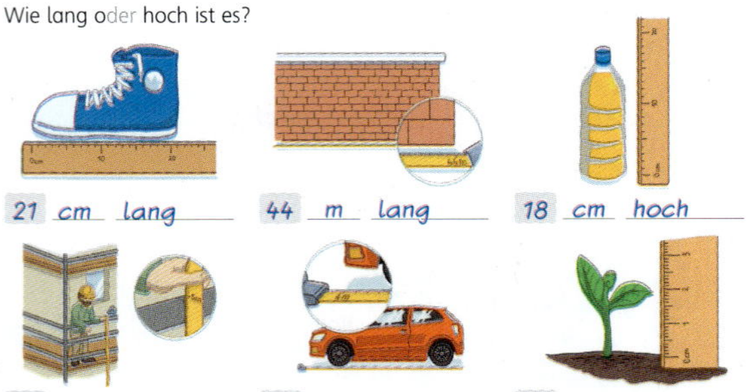

21 _cm_ lang

44 _m_ lang

18 _cm_ hoch

5 _m_ hoch

4 _m_ lang

3 _cm_ hoch

2 Ergänze.

51 _m_ = einundfünfzig Meter

11 m = _elf_ _Meter_

8 _cm_ = acht Zentimeter

2 _m_ = zwei Meter

13 cm = _dreizehn_ Zentimeter

70 cm = _siebzig_ Zentimeter

Symmetrie

Der Schmetterling ist **symmetrisch**. «زُمتريش»

Das Haus ist **unsymmetrisch**. «أونزمتريش»

Symmetrieachse «زُمتري أكسه»

1 Symmetrisch oder unsymmetrisch?

symmetrisch ✓
unsymmetrisch ✗

symmetrisch ✗
unsymmetrisch ✓

symmetrisch ✗
unsymmetrisch ✓

symmetrisch ✓
unsymmetrisch ✗

2 Ergänze, zeichne und rechne.

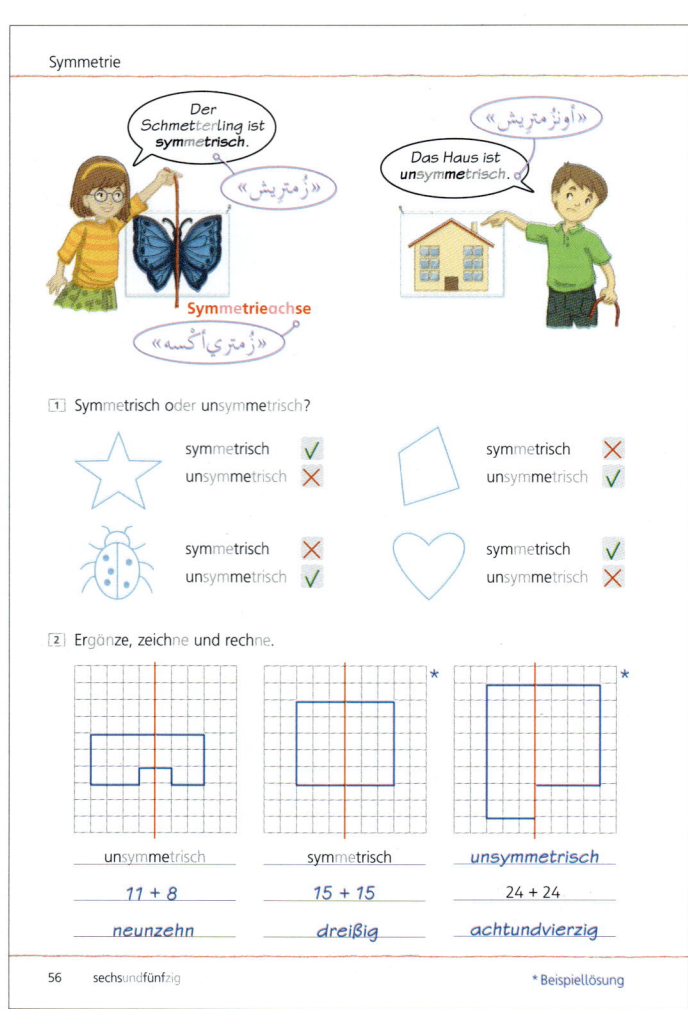

unsymmetrisch

11 + 8

neunzehn

symmetrisch

15 + 15

dreißig

unsymmetrisch

24 + 24

achtundvierzig

* Beispiellösung

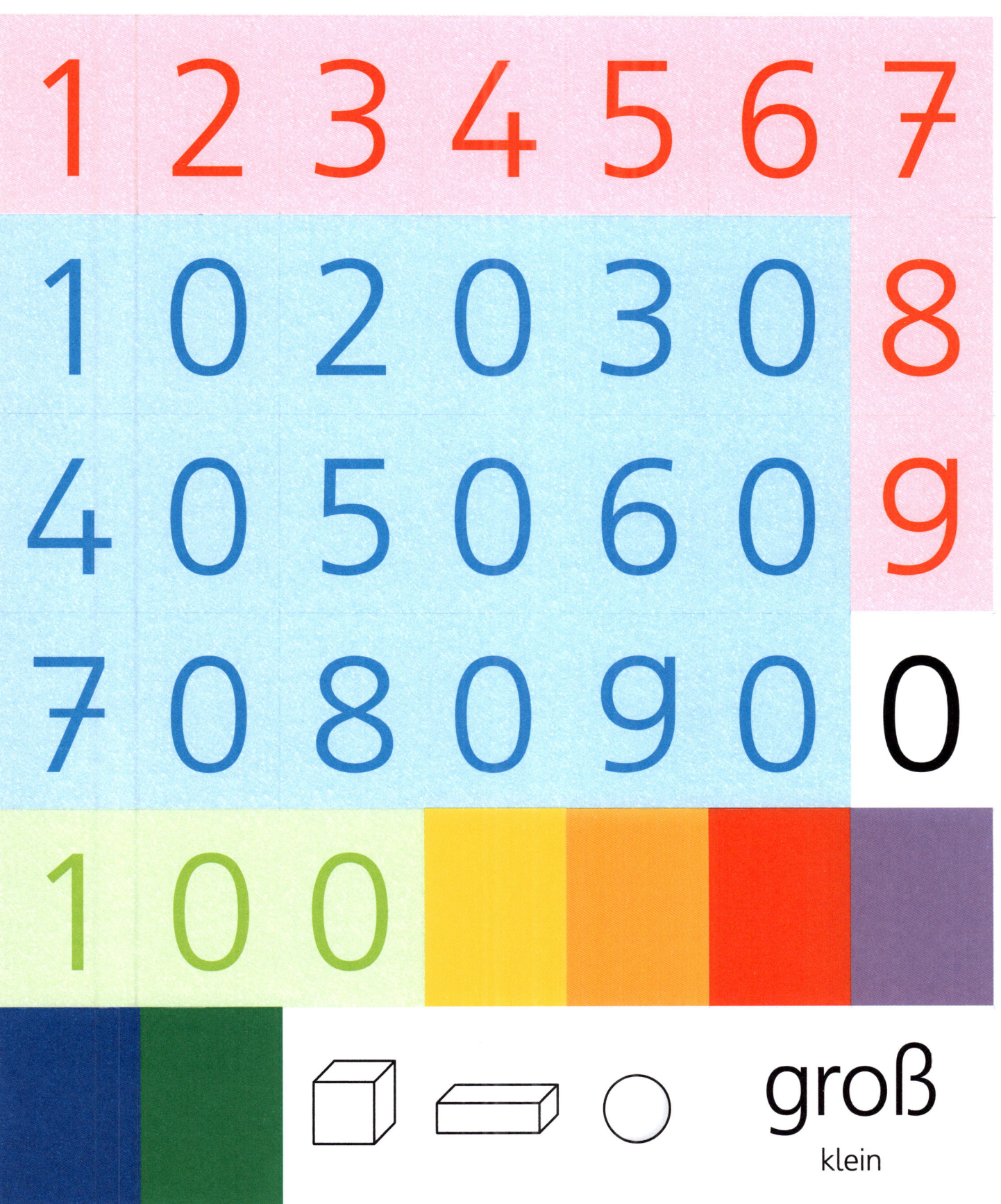

groß

klein

sieben	sechs	fünf	vier	drei	zwei	eins
acht	dreißig		zwanzig		zehn	
neun	sechzig		fünfzig		vierzig	
null	neunzig		achtzig		siebzig	
lila	rot	orange	gelb	hundert		
groß klein	Kugel	Quader	Würfel	grün		blau

Willkommen in Deutschland   (1504-56)   © Mildenberger Verlag

Mit diesem Heft übt:

_____

Das Übungsheft Deutsch 1 und 2

Das Übungsheft Deutsch 1 begleitet durch das erste Schuljahr: Die wichtigsten Schritte des Schriftspracherwerbs werden angeleitet und geübt. **Das Übungsheft Deutsch 2** begleitet durch das zweite Schuljahr: Alle wichtigen Lerninhalte von Rechtschreibung und Grammatik werden spiralförmig wiederholt und vertieft.

- in sich abgeschlossene, kleine Übungsportionen
- 16-seitiges beiliegendes Lösungsheft zur Selbstkontrolle
- mit Sticker-Belohnungssystem

Bestell-Nr.

Das Übungsheft Deutsch 1
64 S., vierf., 17 x 24 cm, Gh, mit Stickerbogen und Lösungsheft — **1401 - 70**

Das Übungsheft Deutsch 2
64 S., vierf., 17 x 24 cm, Gh, mit Stickerbogen und Lösungsheft — **2401 - 70**

www.mildenberger-verlag.de/190

Willkommen in Deutschland

Deutsch als Zweitsprache I und II

Die Übungshefte **Willkommen in Deutschland – Deutsch als Zweitsprache I und II** bieten für alle Kinder zwischen 6 und 12 Jahren einen ersten Einstieg in die deutsche Sprache und Schrift. Die beiden Hefte bauen aufeinander auf und decken die Themenfelder der Lehrpläne für **Deutsch als Zweitsprache** ab.

Bestell-Nr.

Das Übungsheft Deutsch als Zweitsprache I
64 S., vierf., Gh, mit Beilage, Stickerbogen und Lösungsheft — **1401 - 61**

Das Übungsheft Deutsch als Zweitsprache II
64 S., vierf., Gh, mit Beilage, Stickerbogen und Lösungsheft — **1401 - 62**

www.mildenberger-verlag.de/194

Willkommen in Deutschland – lesen und schreiben lernen

Vorkurs zur Alphabetisierung mit Schreiblehrgang und Ziffernschreibkurs

Das Übungsheft **Willkommen in Deutschland – lesen und schreiben lernen** ist der Einstieg für Kinder mit Deutsch als Zweitsprache, die noch nicht lesen und schreiben können. Es führt die Druckschrift und die Ziffern anhand der Themenfelder für den Wortschatz Deutsch als Zweitsprache in der Grundschule ein.

Bestell-Nr.

Vorkurs zur Alphabetisierung
72 S., vierf., Gh, mit Beilage, Stickerbogen und Lösungsheft — **1401 - 69**

www.mildenberger-verlag.de/683

Willkommen in Deutschland – Lernkarten Deutsch als Zweitsprache I und II

Bild-Wort-Karten für das Wortschatztraining

Bild-Wort-Karten für das Wortschatztraining Deutsch als Zweitsprache. Die **Lernkarten I und II** sind abgestimmt auf die Übungshefte **Willkommen in Deutschland – Deutsch als Zweitsprache I und II**, können aber auch unabhängig davon verwendet werden.

Bestell-Nr.

Lernkarten DaZ I
340 Karten, vierf., DIN A8 — **1401 - 65**

Lernkarten DaZ II
340 Karten, vierf., DIN A8 — **1401 - 66**

www.mildenberger-verlag.de/683

Mathematik für Kinder nicht deutscher Herkunft I (1504-56)

Geld

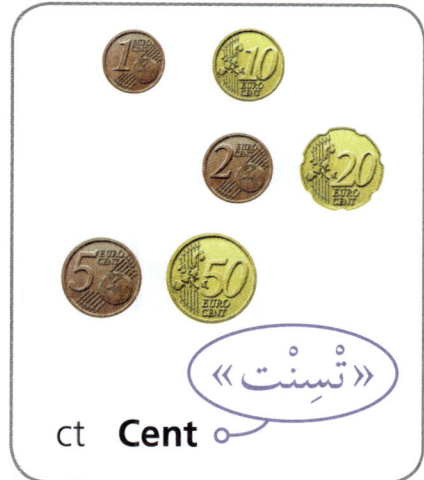

ct **Cent** o «تِسْنْت»

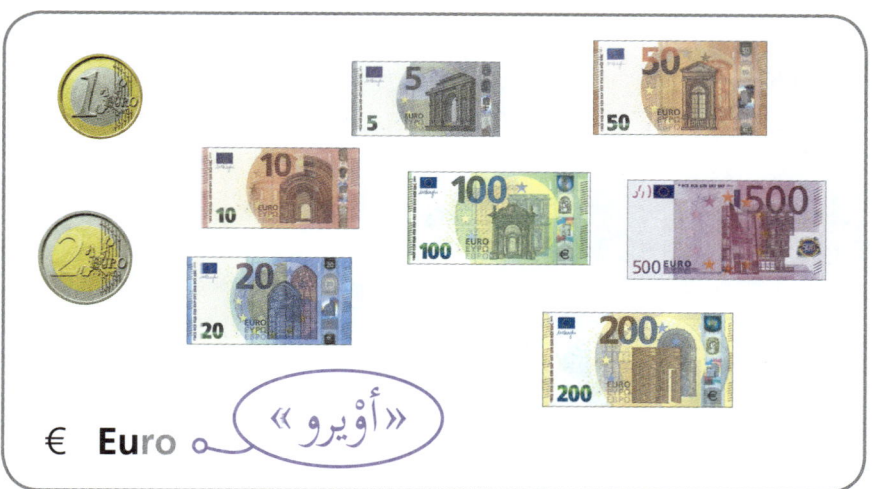

€ **Euro** o «أُوْيِرو»

---

1 Schreibe den Betrag auf 2 Arten.

   3 _ct_

drei   Cent

   ___ _____

   _____ _____

   ___ _____

_____ _____

   ___ _____

_____ _____

---

2 Zeichne das Geld.

30 ct

15 €

70 €

dreizehn Euro

neun Cent

neunzig Cent

1 Welche Zahlen gehören zusammen?
Male an.

٢٧ (durchgestrichen) 12 ١٠ 86 26
41 54 67 ٨٠
٥٢ 25 ٩٣ 60
64 ٧١ ٧٨ ٩١
٣٩ 94 33

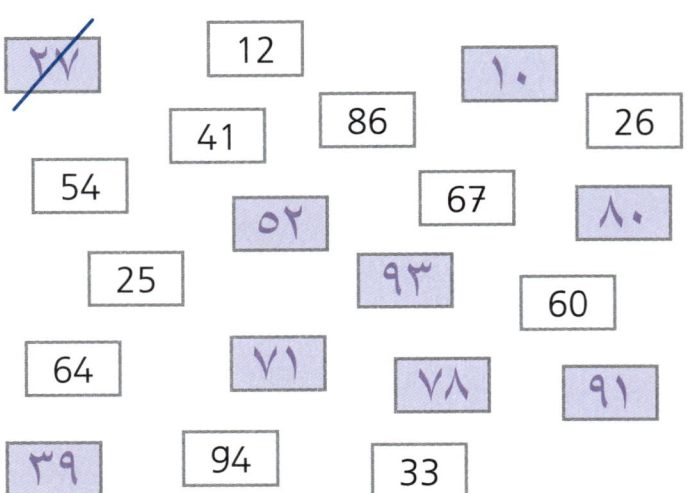

71	14	91	٣٣	48	١٢
٣١	٥٤	٥٩	40	٤١	77
٨٦	99	٢٥	10	59	93
78	٤٨	27	٩٤	١٤	52
31	٦٧	٧٧	62	٦٠	84
٢٦	٩٩	80	39	٨٤	٦٤

 2 Verbinde und ergänze die fehlenden Zahlen.

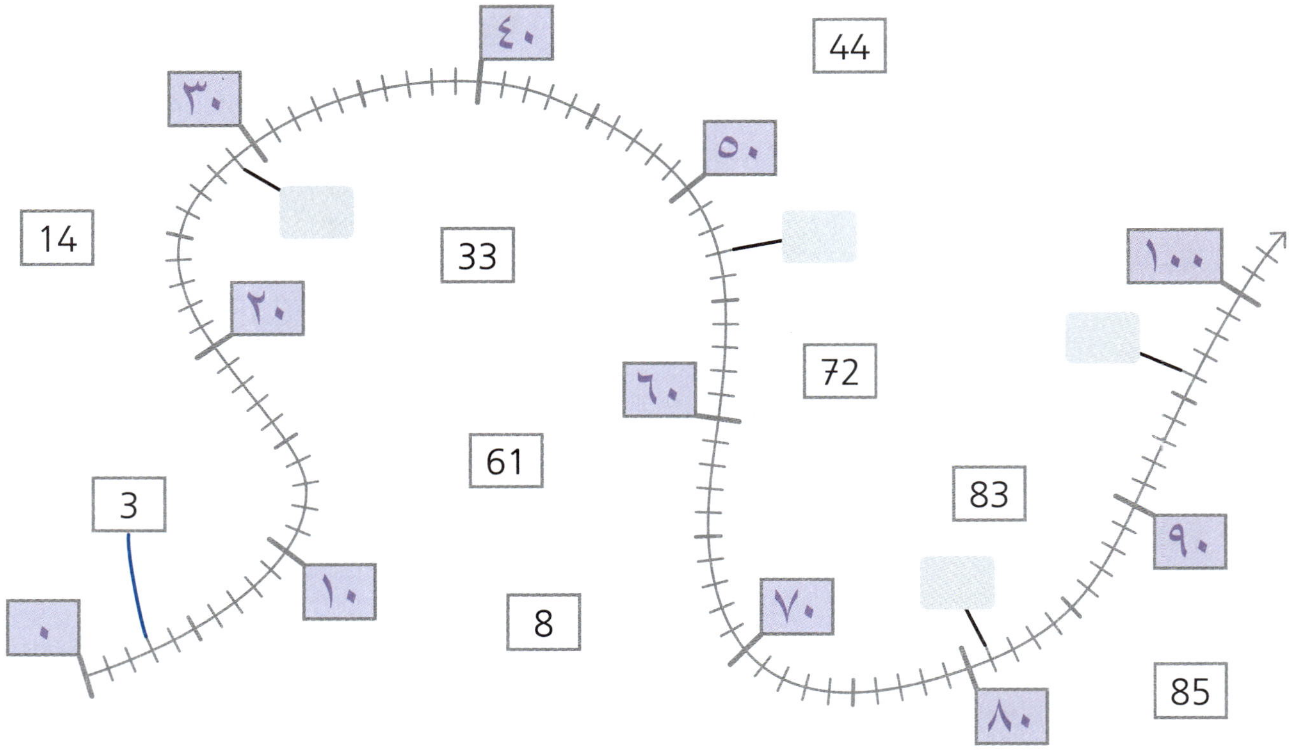

٤٠ 44 ٣٠ ٥٠ 14 ١٠٠
33 ٢٠ 72 ٦٠ 83
61 ٩٠ 3 ٧٠ ١٠ ٨٠
8 85 ٠

3

2	30	→	٣٢
9	40	→	
5	10	→	

٧٧	→	
٢٩	→	
٤٥	→	

1 Schreibe wie im Beispiel.

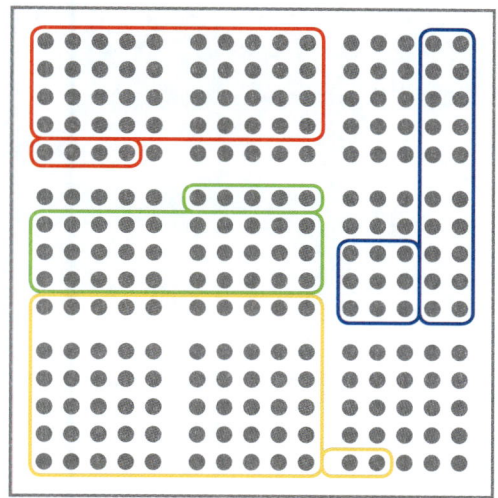

40 *vierzig*

4 *vier*

4 + 40 = *vier* und *vierzig*

+ = _____ und_____

+ = _____ und_____

_____ und_____

2 Umrande.

siebenundfünfzig

sechsundzwanzig

achtzehn

dreiundsiebzig

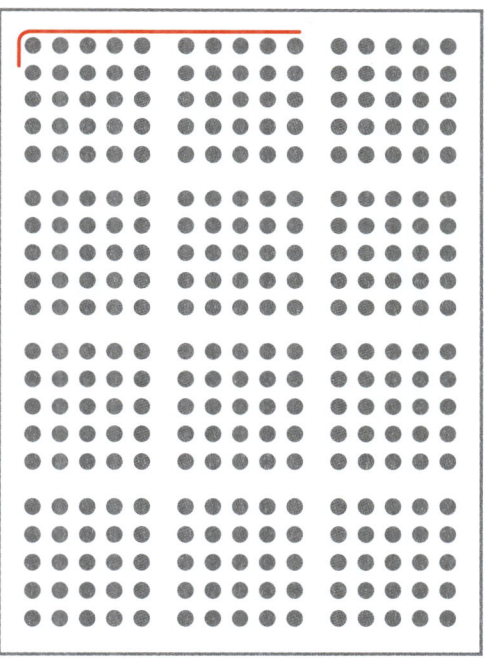

3 Zeichne.

fünfundzwanzig Cent   dreiundfünfzig Euro

1 Schreibe die Zahlen auf die Kärtchen und als Zahlwort.

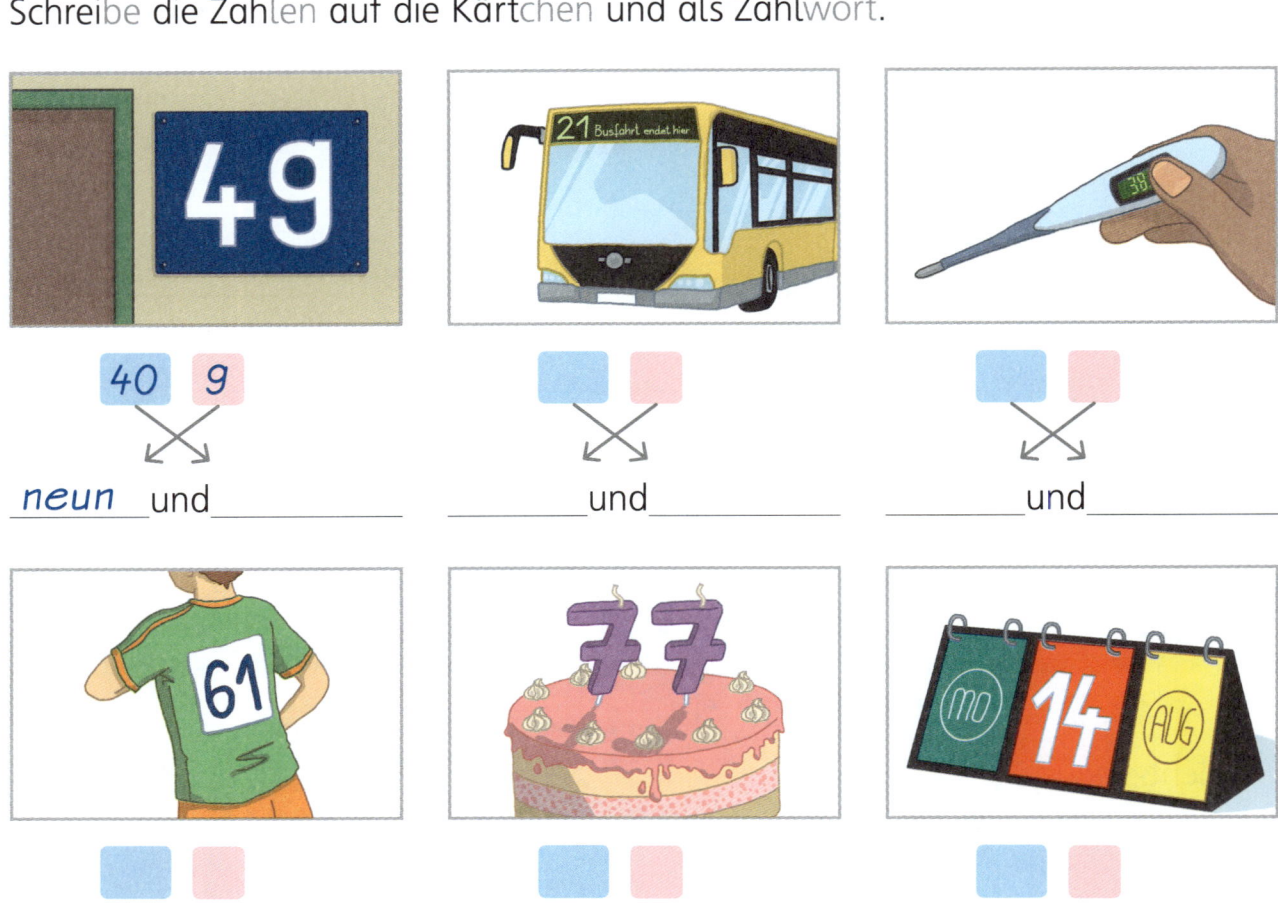

40	9

__neun__ und _____   _____ und _____   _____ und _____

_____   _____   _____

2 Trage die Trennstriche und die Zahl ein.

siebenǀundǀneunzig **97**   vierunddreißig ⬜

einundvierzig ⬜   einundzwanzig ⬜

neunundachtzig ⬜   fünfundsechzig ⬜

sechsundfünfzig ⬜   achtzehn ⬜

Aufbau der Zahlwörter von Zahlen bis 100

1 Sind die Zahlwörter richtig ✓ oder falsch ✗?

neunzigdrei	☐	dreivierzig	☐	sechsundneunzig	☐
zweiundsechzig	☐	zehnneun	☐	vierzigundvier	☐
vierundachtzig	☐	neunzehn	☐	neunzigzwanzig	☐
zehnunddreißig	☐	einszehn	☐	vierundvierzig	☐

2 Setze Zahlwörter zusammen.

fünf	zwanzig	und		dreißig	zehn	ein
zehn	drei	sechzig		und	achtzig	neun

fünfundzwanzig   25   _____ ☐

dreizehn   ☐   _____ ☐

_____ ☐   _____ ☐

_____ ☐   _____ ☐

_____ ☐   _____ ☐

3 Male die Kärtchen rechts in der richtigen Farbe an.

64	g		zehn
81	vier	und	50
17	ein	und	sechzig
neunundsiebzig	sieb	und	zwanzig
56	sieben	und	10
27	acht	und	70
achtzehn	6		achtzig

vor Kind 7

nach Kind 7

«فوغِنْغا»

Der **Vorgänger** von Kind 7 ist Kind 6 .

Der **Nachfolger** von Kind 7 ist Kind 8 .

«ناخْفولْغا»

1 Trage die Zahl ein.

Der Vorgänger von Kind 14 ist Kind ___ .

Der Nachfolger von Kind 14 ist Kind ___ .

Der Vorgänger von Kind 36 ist Kind ___ .

Der Nachfolger von Kind 36 ist Kind ___ .

 2 Ergänze die Zahlen oder die Zahlwörter.

Vorgänger					
Zahl	58	80	dreißig	69	eins
Nachfolger					

3 Trage die Zahl ein.

Vorgänger von siebenundvierzig   Nachfolger von fünfzig ___

Nachfolger von neunundachtzig ___   Vorgänger von vierzig ___

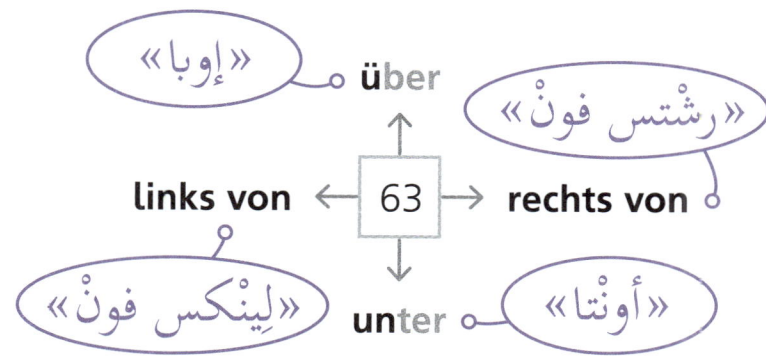

1	2	3	4	5	6	7	8	9	10
11	12	13	14	15	16	17	18	19	20
21	22	23	24	25	26	27	28	29	30
31	32	33	34	35	36	37	38	39	40
41	42	43	44	45	46	47	48	49	50
51	52	53	54	55	56	57	58	59	60
61	62	63	64	65	66	67	68	69	70
71	72	73	74	75	76	77	78	79	80
81	82	83	84	85	86	87	88	89	90
91	92	93	94	95	96	97	98	99	100

Über der 63 liegt die 53.
Unter der 63 liegt die 73.
Links von der 63 liegt die 62.
Rechts von der 63 liegt die 64.

1 Trage die Zahl ein und ergänze die Rechenaufgabe.

Links von der 52 liegt die [ ].   52 − 1 = [ ]

Über der 38 liegt die [ ].   38 − 10 = [ ]

Unter der 85 liegt die [ ].   85 + [ ] = [ ]

Rechts von der 69 liegt die [ ].   [ ] + [ ] = [ ]

2 Ergänze die Rechenaufgabe, den Satz und das Zahlwort.

46 ☆	46 **+** **10** = **56**

Unter der 46 liegt die **56**.

☆ = _sechsund_____

♡ 49	49 ● [ ] = [ ]

_____ der 49 liegt die [ ].

♡ = _____

△ 18	18 ● [ ] = [ ]

_____ der 18 liegt die [ ].

△ = _____

31 ☐	31 ● [ ] = [ ]

_____ der 31 liegt die [ ].

☐ = _____

Maja hat **6** -**mal** getroffen.

1. Ergänze die fehlende Anzahl.

Tim hat ▢-_____ getroffen.   Ahmed hat ▢-_____ getroffen.

2. Ergänze die Sätze.

Tim ist ▢-mal gehüpft.

Tim ist *viermal* _____ gehüpft.

Ahmed ist ▢-mal gehüpft.

Ahmed ist _____ gehüpft.

Maja ist ▢-mal gehüpft.

Maja ist _____ gehüpft.

3. Schreibe als Rechenaufgabe. Rechne.

   **3** -*mal*   **4**

   3 · 4 = **12**

   ▢-_____ ▢

   _____ = ▢

   ▢-_____ ▢

   _____ = ▢

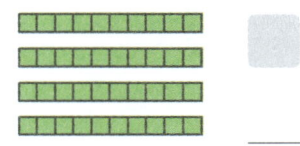   ▢-_____ ▢

   _____ = ▢

$4 \cdot 5 = 20$ $5 + 5 + 5 + 5 = 20$

1 Verbinde.

| drei mal elf | $9 + 9 + 9$ |  | 3-mal fünf |

| eins plus eins plus eins plus eins |  | 4-mal null | 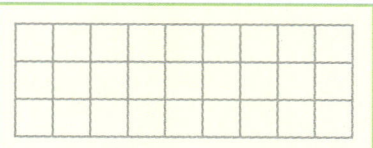 |

| 5-mal drei | $0 + 0 + 0 + 0$ | $3 + 3 + 3 + 3 + 3$ | $4 \cdot 1$ |

2 Zeichne ein, schreibe die Rechenaufgabe oder rechne.

drei mal sieben   zwei mal acht

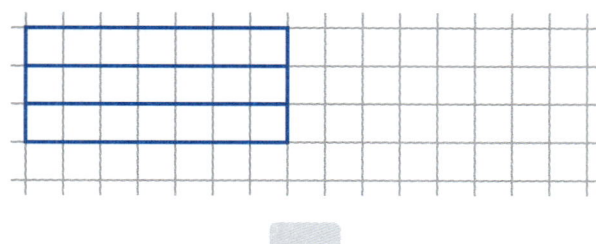   

_vie_____ _____ _____   _____ _____ _____

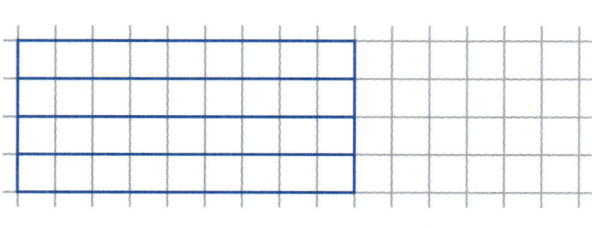

                                          30

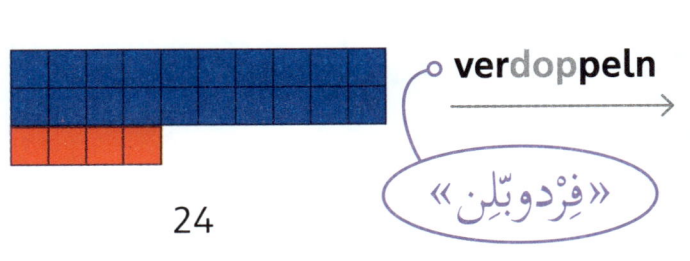

verdoppeln

» فِرْدوبِّلِن «

24

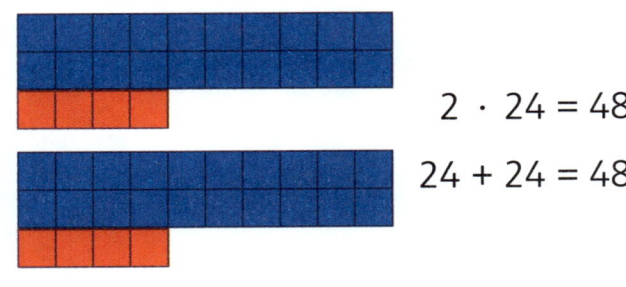

$2 \cdot 24 = 48$

$24 + 24 = 48$

Das **Doppelte** von 24 ist 48.

1 Ergänze die Sätze.

» دوبِّلته «

Das Doppelte von 10 ist ____ .

Das _____ von 8 ist 16.

Das _____ von sechs ist _____.

_____ _____ _____ _____ _____ vierzehn.

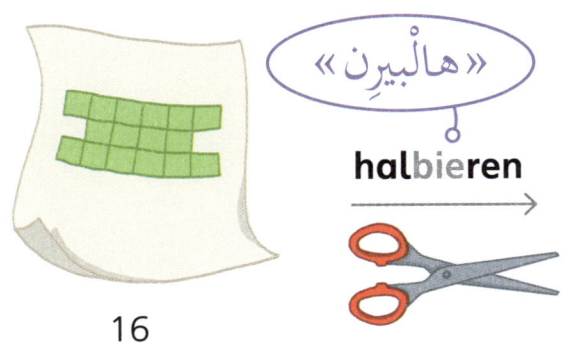

» هالْبيرِن «

halbieren

$16 = 8 + 8$

16

Die **Hälfte** von 16 ist 8.

» هِلْفِته «

2 Ergänze die Sätze.

_____ _____ von 40 ist 20.

_____ _____ von 3 ist 6.

Die Hälfte von ____ ist 4. Das Doppelte von 2 ist ____ .

3 Verbinde immer mit dem Doppelten.

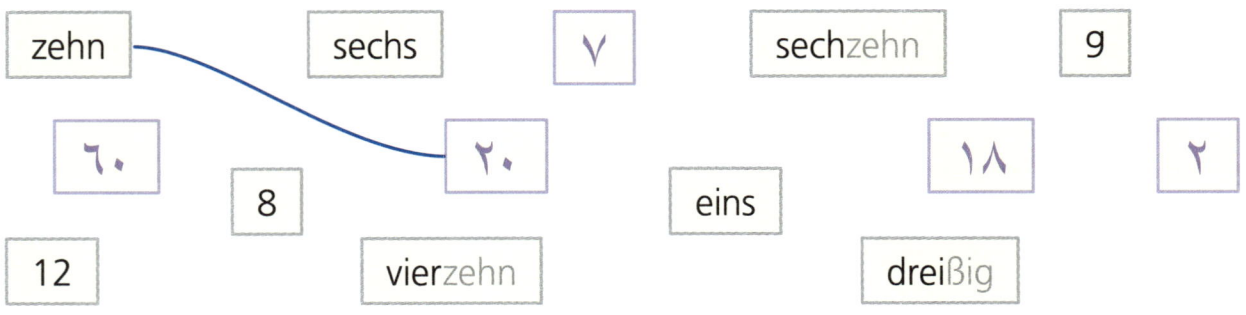

| zehn | sechs | ٧ | sechzehn | 9 |

٦٠   8   ٢٠   eins   ١٨   ٢

12   vierzehn   dreißig

1 Verbinde.

3 · zehn

vier mal 10

fünf · 10

7-mal zehn

zehn · zehn

dreißig

6 · 10

achtzig

40

sechzig

siebzig

50

hundert

8 · 10

2 Kreise ein und rechne.

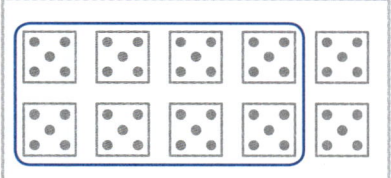

8 · 5 =

6 · 5 =

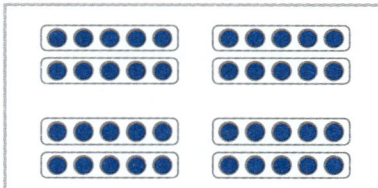

5 · 5 =

9 · 5 =

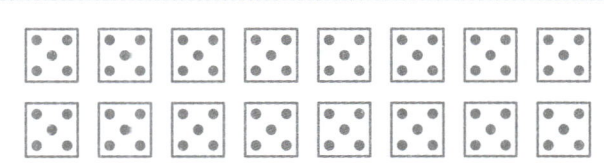

12 · 5 =

3 Richtig ✓ oder falsch ✗?

5 · 10 = fünfzehn

8 · 10 = achtzig

7 · 10 = siebzig

3 + 10 = dreißig

5 + 10 = fünfzehn

6 · 10 = sechzehn

3 · 10 = dreißig

9 · 10 = neunzig

1 Zeichne und rechne.

40 + 18 = ☐	30 + 11 = ☐	70 + 9 = ☐	☐ + ☐ = ☐

2 Rechne zusammen.

3 Rechne zusammen.

4 Rechne.

70 + siebzehn = ☐   20 + zwölf = _____

40 + vierzehn = ☐   80 + elf   = _____

Stellenweise Addition

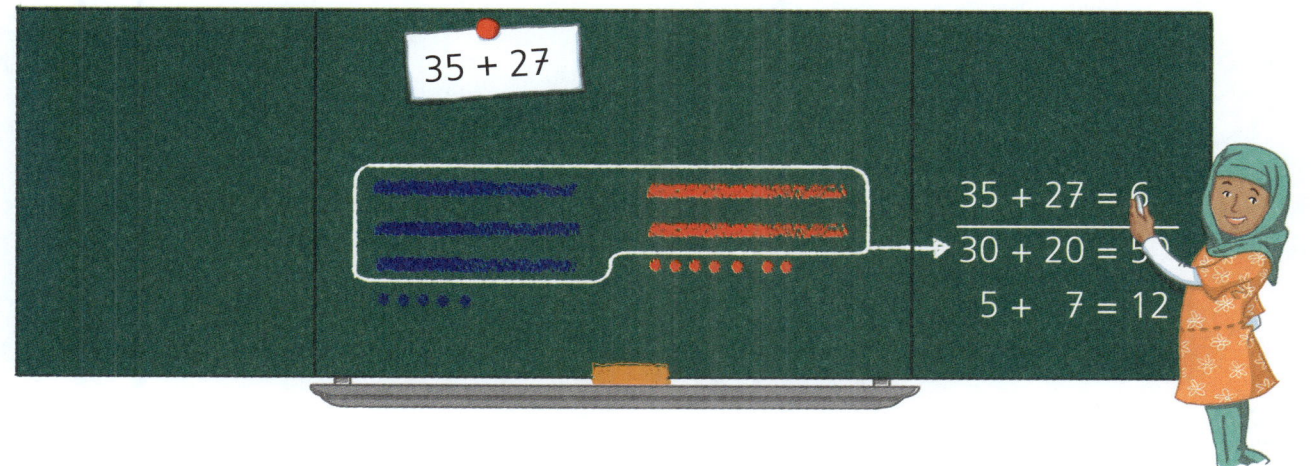

35 + 27

$35 + 27 = 6$
$30 + 20 = 5$
$5 + 7 = 12$

1 Rechne wie das Kind an der Tafel.

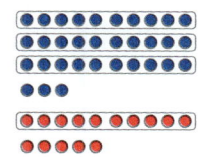

33 + 15 = ☐

☐ + ☐ = ☐
☐ + ☐ = ☐

19 + 53 = ☐

☐ + ☐ = ☐
☐ + ☐ = ☐

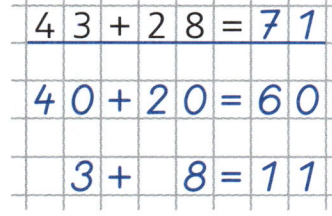

⑤⓪ ⑤ ①

②⓪ ⑩ ⑤

56 + 35 = ☐

☐ + ☐ = ☐
☐ + ☐ = ☐

47 + 33 = ☐

☐ + ☐ = ☐
☐ + ☐ = ☐

2 Rechne.

| 4 3 + 2 8 = 7 1 | 1 5 + 6 4 = | 3 9 + 2 9 = |

4 0 + 2 0 = 6 0
3 + 8 = 1 1

7 3 + 1 9 =   1 6 + 1 6 =   3 7 + 3 7 =

79

32

74

92

7̶1̶

68

3 Ergänze die fehlenden Zahlen und rechne.

36 + 18 = ☐

٣٠ + ١٠ = ☐
6 + 8 = ☐

45 + ٢٧ = ☐

☐ + ☐ = ☐
☐ + ☐ = ☐

٦٣ + 22 = ☐

☐ + ☐ = ☐
☐ + ☐ = ☐

Rechnen bis zum Nachbarzehner

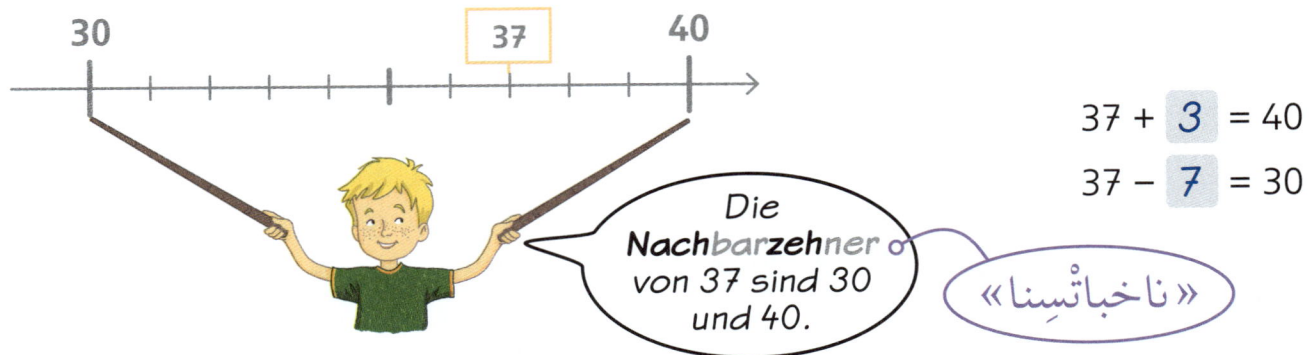

$$37 + \boxed{3} = 40$$
$$37 - \boxed{7} = 30$$

Die **Nachbarzehner** von 37 sind 30 und 40.

1 Rechne zu den Nachbarzehnern.

$$37 + \boxed{3} = \boxed{40}$$
$$37 - \boxed{7} = \boxed{30}$$

$$26 + \boxed{} = \boxed{}$$
$$26 - \boxed{} = \boxed{}$$

$$59 + \boxed{} = \boxed{}$$
$$59 - \boxed{} = \boxed{}$$

$$95 + \boxed{} = \boxed{}$$
$$95 - \boxed{} = \boxed{}$$

$$73 + \boxed{} = \boxed{}$$
$$73 - \boxed{} = \boxed{}$$

$$14 + \boxed{} = \boxed{}$$
$$14 - \boxed{} = \boxed{}$$

2 Markiere auf der Hundertertafel.

siebenundvierzig + $\boxed{3}$ = $\boxed{50}$

neunundsiebzig + $\boxed{}$ = $\boxed{}$

zweiundneunzig + $\boxed{}$ = $\boxed{}$

sechs + $\boxed{}$ = $\boxed{}$

fünfundfünfzig + $\boxed{}$ = $\boxed{}$

achtundzwanzig + $\boxed{}$ = $\boxed{}$

einundachtzig + $\boxed{}$ = $\boxed{}$

vierzehn + $\boxed{}$ = $\boxed{}$

1	2	3	4	5	6	7	8	9	10
11	12	13	14	15	16	17	18	19	20
21	22	23	24	25	26	27	28	29	30
31	32	33	34	35	36	37	38	39	40
41	42	43	44	45	46	47	48	49	50
51	52	53	54	55	56	57	58	59	60
61	62	63	64	65	66	67	68	69	70
71	72	73	74	75	76	77	78	79	80
81	82	83	84	85	86	87	88	89	90
91	92	93	94	95	96	97	98	99	100

3 Ergänze die Wörter und Zahlen.

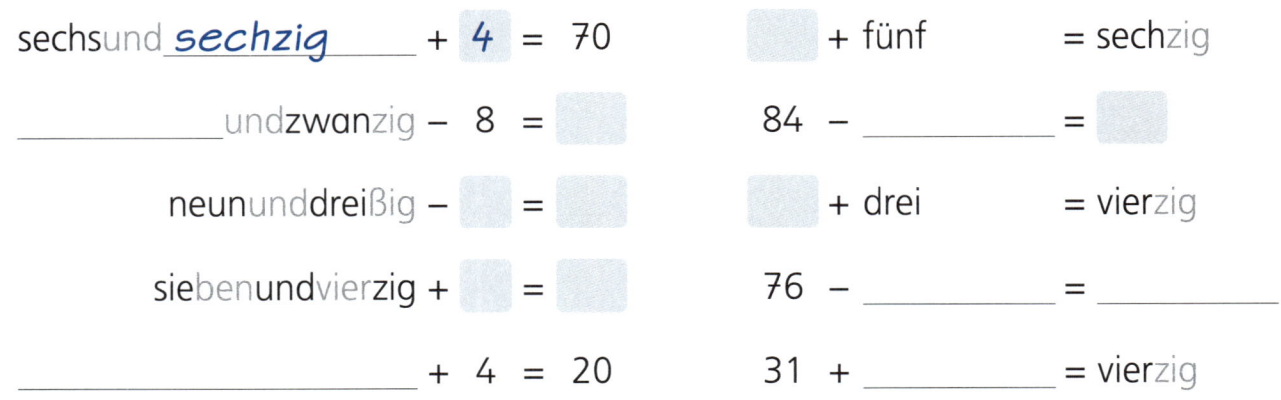

sechsund _sechzig_ + $\boxed{4}$ = 70

_____undzwanzig − 8 = $\boxed{}$

neununddreißig − $\boxed{}$ = $\boxed{}$

siebenundvierzig + $\boxed{}$ = $\boxed{}$

_____ + 4 = 20

$\boxed{}$ + fünf = sechzig

84 − _____ = $\boxed{}$

$\boxed{}$ + drei = vierzig

76 − _____ = _____

31 + _____ = vierzig

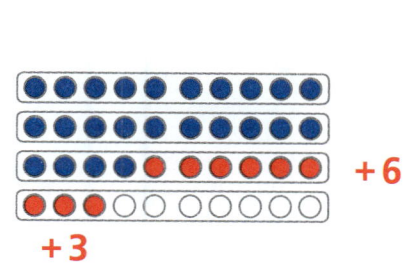

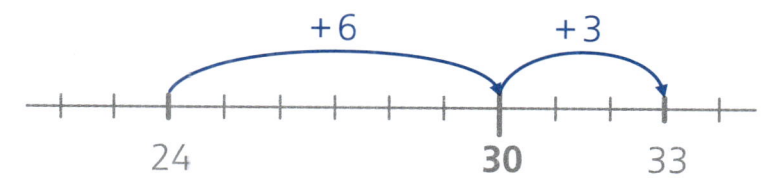

+6

+3

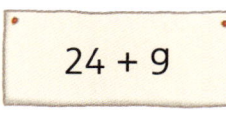

24 + 9

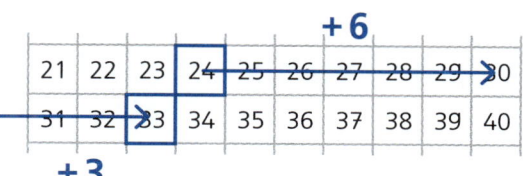

1 Rechne.

44 + 7

44 + 6 + 1 =

63 + 9

63 + ☐ + ☐ = ☐

39 + 5

39 + ☐ + ☐ = ☐

2 Zeichne und rechne.

68 + 6 = ☐

26 + 9 = ☐

17 + 8 = ☐

3 Streiche die Zerlegung durch und rechne.

26 + acht = 34 | 4 = 2 + 2 | | 8 = 4̶ ̶+̶ ̶4̶ | 59 + drei = ☐

52 + neun = ☐   84 + sieben = ☐

          | 3 = 1 + 2 | | 9 = 8 + 1 |

75 + sechs = ☐   18 + vier = ☐

        | 6 = 5 + 1 | | 7 = 6 + 1 |

4 Rechne.

48 + 9

48 + ٢ + ٧ = 57

32 + 9

32 + ☐ = ☐

88 + 6

88 + ☐ = ☐

56 + 7

56 + ☐ = ☐

19 + 5

19 + ☐ = ☐

27 + 8

27 + ☐ = ☐

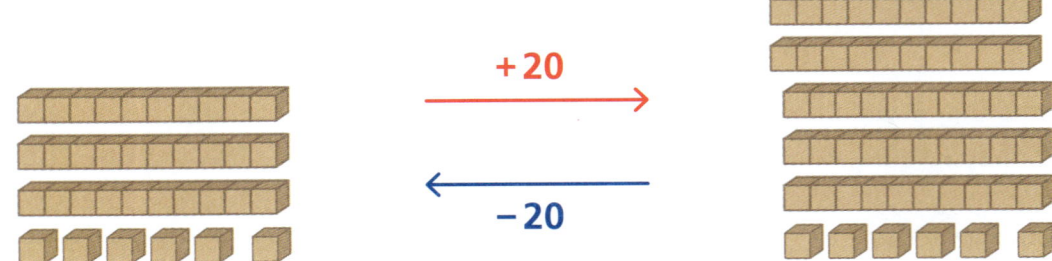

+20

−20

1 | Markiere auf der Hundertertafel. Rechne.

36 **+ 20** = 56

71 **− 50** =

48 **− 30** =

99 **− 70** =

22 **plus vierzig** =

53 **plus dreißig** =

77 **minus fünfzig** =

5 **plus neunzig** =

1	2	3	4	5	6	7	8	9	10
11	12	13	14	15	16	17	18	19	20
21	22	23	24	25	26	27	28	29	30
31	32	33	34	35	36	37	38	39	40
41	42	43	44	45	46	47	48	49	50
51	52	53	54	55	56	57	58	59	60
61	62	63	64	65	66	67	68	69	70
71	72	73	74	75	76	77	78	79	80
81	82	83	84	85	86	87	88	89	90
91	92	93	94	95	96	97	98	99	100

2 | Ergänze die fehlenden Wörter und Zahlen.

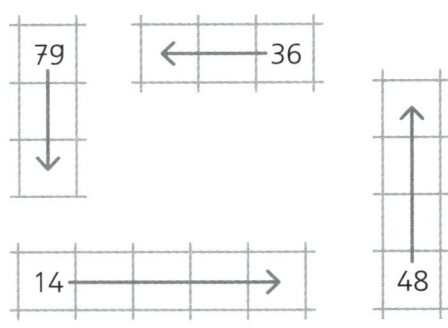

79

← 36

14 →

48

sechsunddreißig − 2 =

79 plus ____ = _____

_____ − 30 =

vierzehn _____ 4 = _____

3

62
42 + 20
___ + ___
___ + ___

84
___ + ___
___ + ___
___ + ___

30 + 45
___ + ___

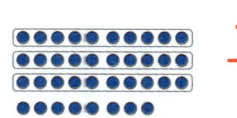

38 + 25

+20 → +5 →

38 + 25 = 63
_____
38 + 20 = 58
58 + 5 = 63

38 **+ 20** = 58   58 **+ 5** = 63

1 Rechne.

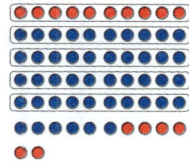

46 + 16 = ☐
_____
46 + *10* = *56*
56 + *6* = ☐

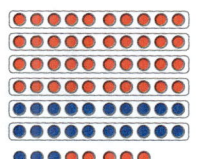

23 + 45 = ☐
_____
☐ + ☐ = ☐
☐ + ☐ = ☐

39 + 42 = ☐
_____
☐ + ☐ = ☐
☐ + ☐ = ☐

42	43	44	45
52	53	54	55
32	63	64	65
72	73	74	75

42 + 23 = ☐
_____
☐ + ☐ = ☐
☐ + ☐ = ☐

2 Rechne.

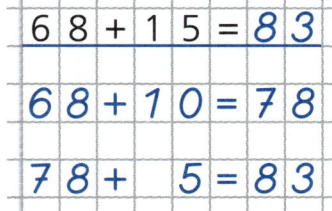

68 + 15 = *83*
68 + 10 = *78*
78 + 5 = *83*

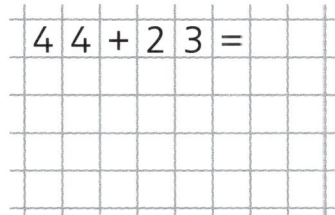

44 + 23 =

sechsundsiebzig

~~dreiundachtzig~~

zweiundsiebzig

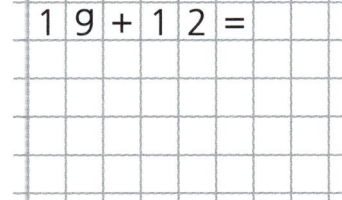

19 + 12 =

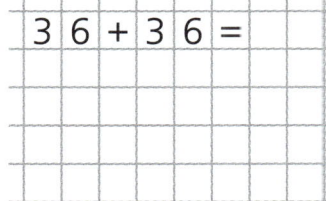

36 + 36 =

sechsundfünfzig

siebenundsechzig

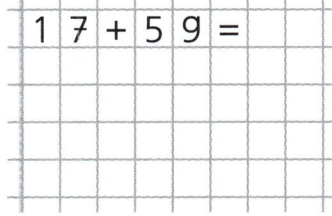

17 + 59 =

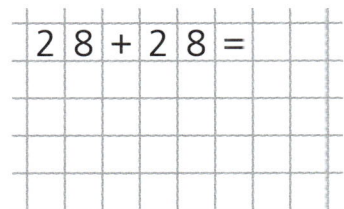

28 + 28 =

einunddreißig

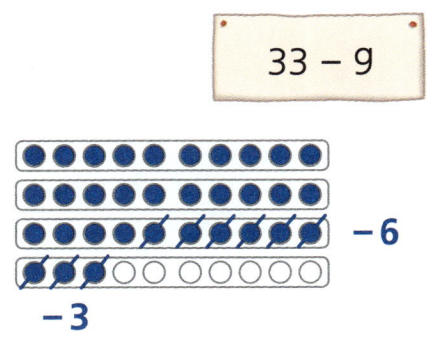

33 – 9

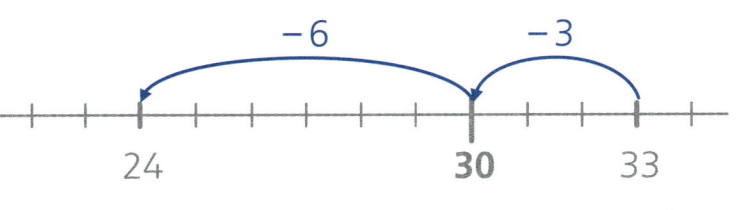

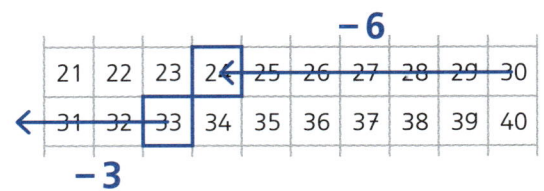

① Streiche durch und rechne.

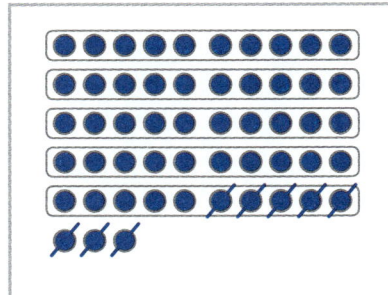

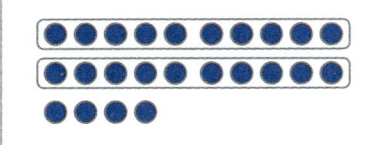

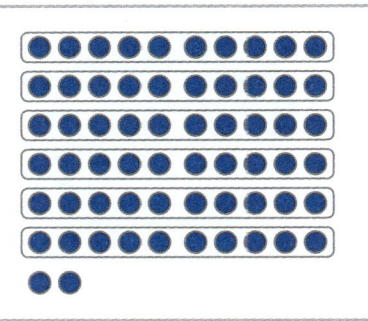

53 – 8
53 – **3** – **5** = ⬜

24 – 5
24 – ⬜ – ⬜ = ⬜

62 – 9
62 – ⬜ – ⬜ = ⬜

② Zeichne die Pfeile ein und rechne.

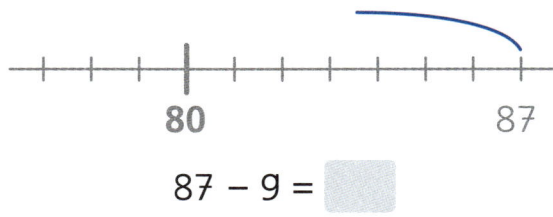

87 – 9 = ⬜

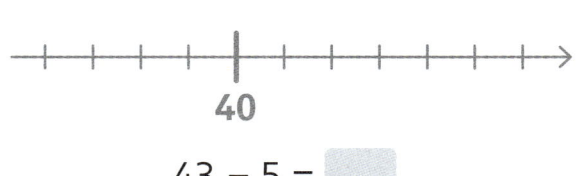

43 – 5 = ⬜

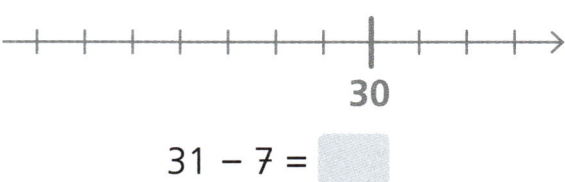

31 – 7 = ⬜

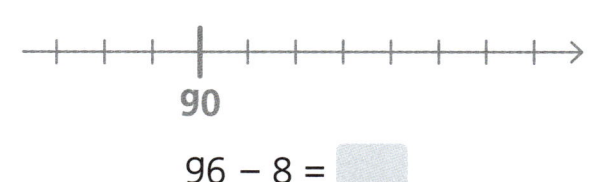

96 – 8 = ⬜

③ Rechne.

37 – ١٠ = ⬜   63 – ١٠ = ⬜   81 – ⬜ = ⬜

37 – ٩ = ⬜   63 – ٩ = ⬜   81 – ٩ = ⬜

37 – ٨ = ⬜   63 – ٨ = ⬜   81 – ⬜ = ⬜

Schrittweise Subtraktion

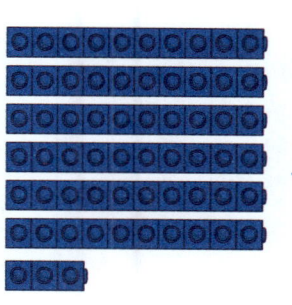

63 – 25

-20 →

-5 →

63 – 25 = 38
_____
63 – 20 = 43
43 – 5 = 38

63 – **20** = 43

43 – **5** = 38

1 Rechne.

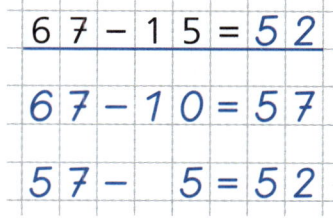

56 – 17 = ☐
_____
56 – 10 = 46
46 – 7 = ☐

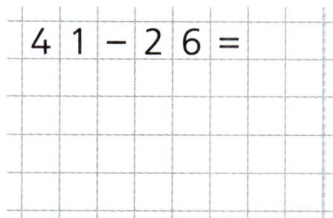

49 – 34 = ☐
_____
☐ – ☐ = ☐
☐ – ☐ = ☐

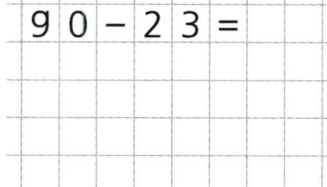

75 – 41 = ☐
_____
☐ – ☐ = ☐
☐ – ☐ = ☐

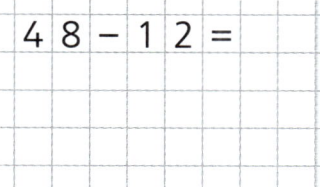

63 – 14 = ☐
_____
☐ – ☐ = ☐
☐ – ☐ = ☐

2 Rechne. Streiche zur Kontrolle die Wörter durch.

6 7 – 1 5 = 5 2

6 7 – 1 0 = 5 7

5 7 – 5 = 5 2

4 1 – 2 6 =

9 0 – 2 3 =

4 8 – 1 2 =

8 1 – 3 2 =

5 6 – 2 8 =

~~zwei~~   und

zehn   ~~und~~   fünf

~~fünf~~zig   sechs

sechzig   und   neun

dreißig   und

sieben   und   acht

zwanzig   vierzig

1 Rechne.

2 Trage die Zahlen an der richtigen Stelle ein.

sieben
neunzehn
zehn   sechs
~~drei~~   neun

fünfzig   acht
achtundsiebzig
zwanzig
~~dreißig~~
achtundzwanzig

3

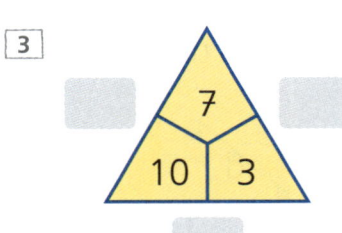

4

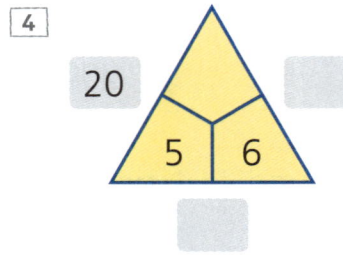

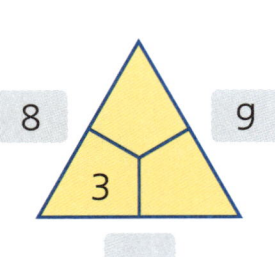

5

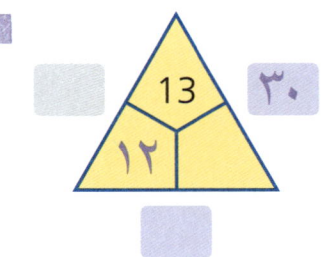

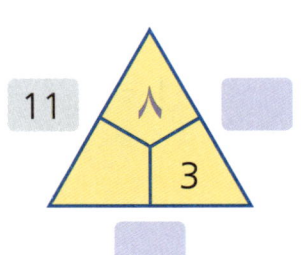

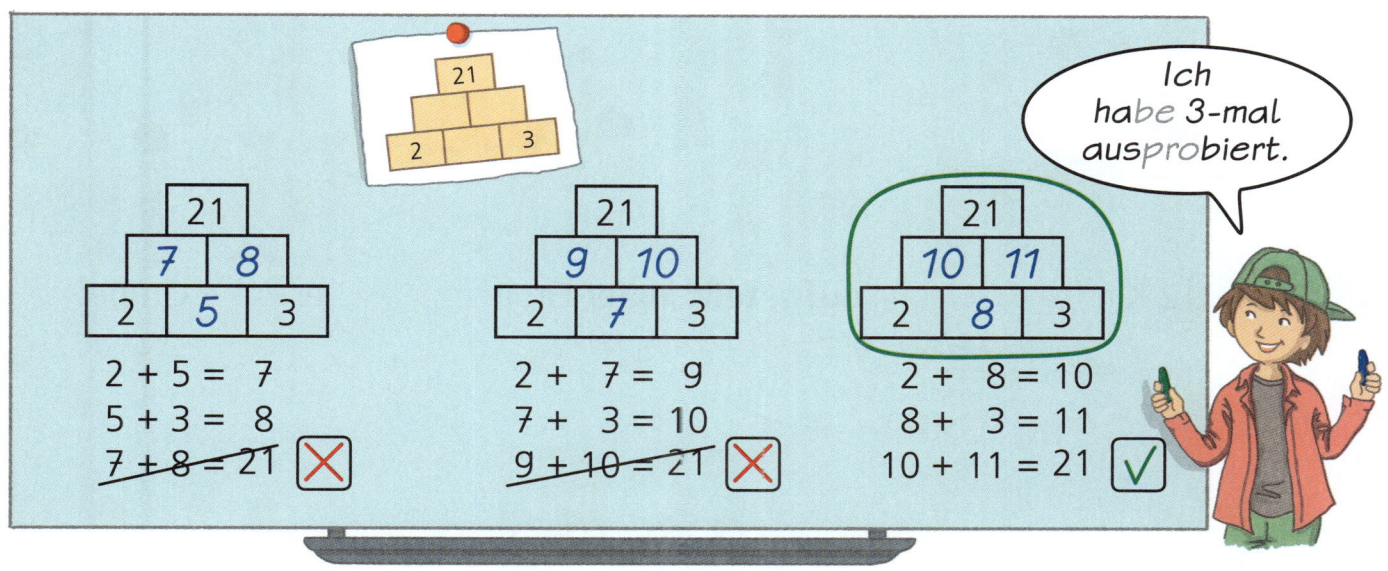

1 Probiere aus.

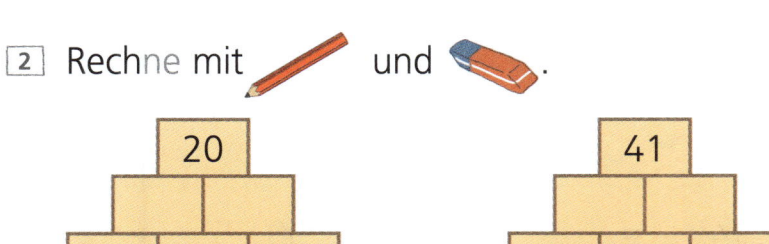

$7 + 5 = \boxed{}$
$5 + 9 = \boxed{}$
$\boxed{} + \boxed{} = 30$ ✗

$7 + \boxed{} = \boxed{}$
$\boxed{} + 9 = \boxed{}$
$\boxed{} + \boxed{} = 30$ $\boxed{}$

$7 + \boxed{} = \boxed{}$
$\boxed{} + 9 = \boxed{}$
$\boxed{} + \boxed{} = 30$ $\boxed{}$

2 Rechne mit ✏️ und 🧽.

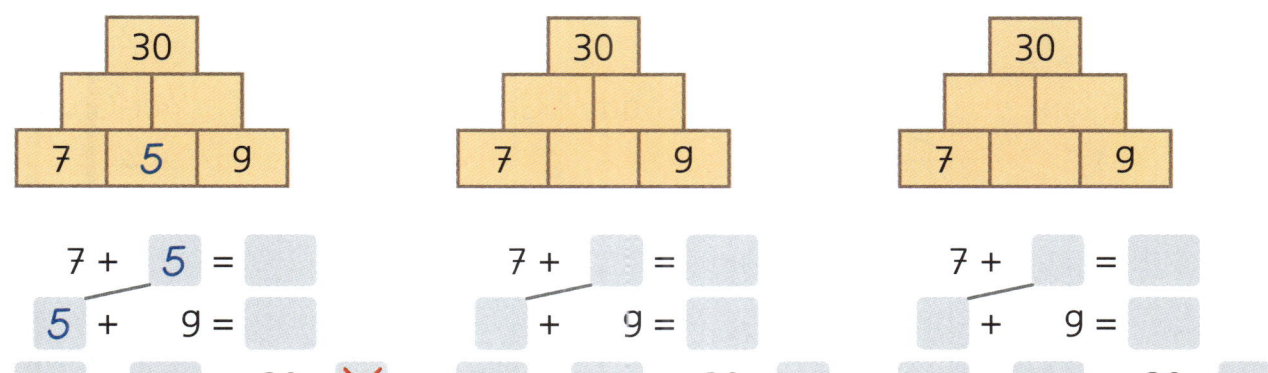

3 Rechne mit ✏️ und 🧽.

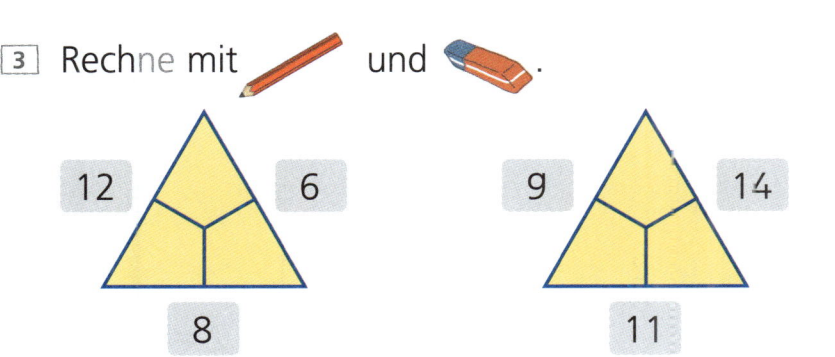

12 Kinder   **auf**ge**teilt** in 3er-Gruppen   er**g**ibt 4 Gru**pp**en.

_12_   «آوفْغِتايْلت»   : 3   = 4

12 Kinder   **ver**teilt auf 3 Gru**pp**en   er**g**ibt 4er-Gru**pp**en.

_12_   «فاتايْلت»   : 3   = 4

zwölf   **geteilt durch** 3   _ist gleich vier_

«غِتايْلت دوش»

1 Teile auf.

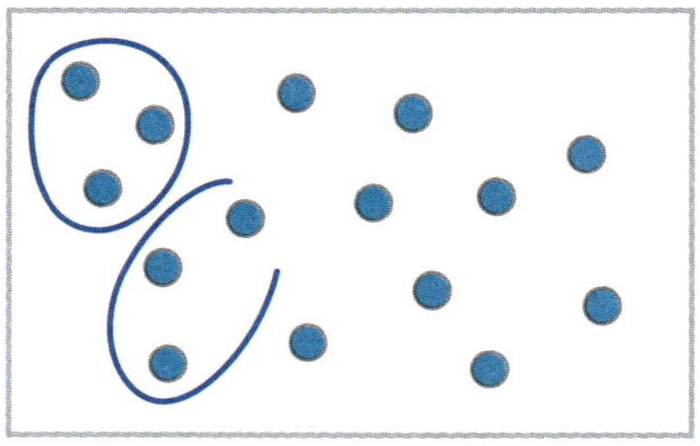

$15 : 3 =$ 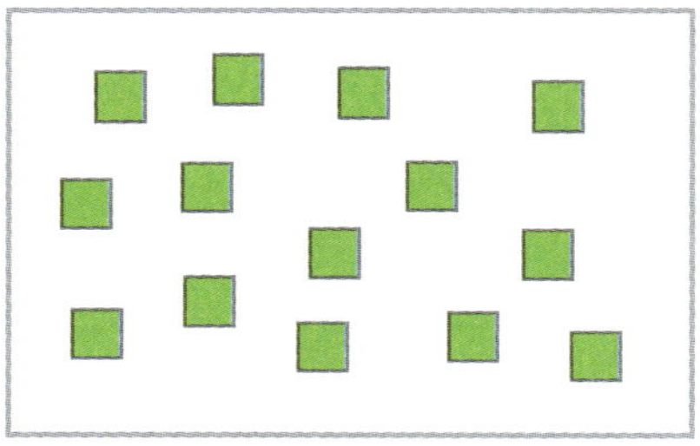 ☐ $14 : 2 =$ 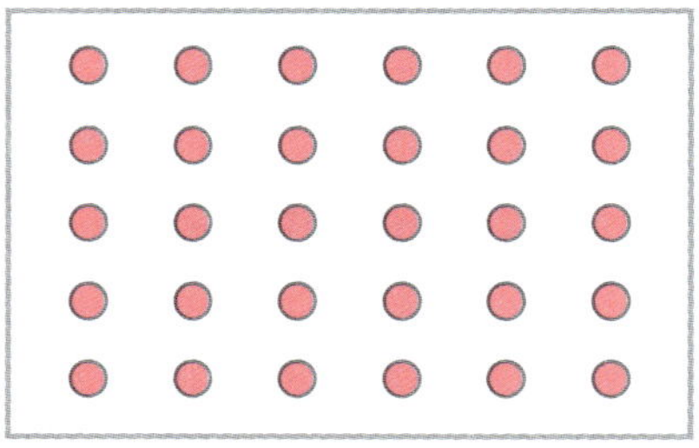 ☐ $30 : 5 =$ ☐

2 Verteile. Zeichne die letzte Aufgabe zu Ende.

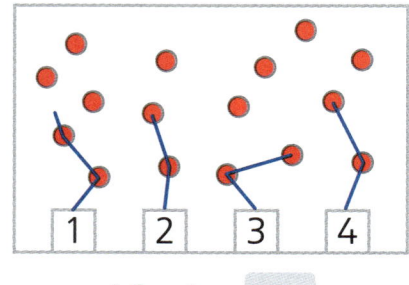   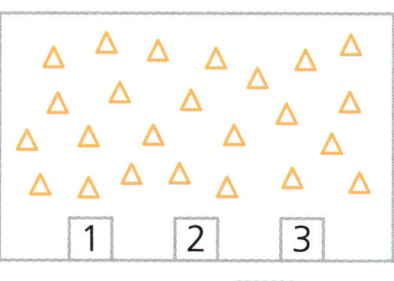   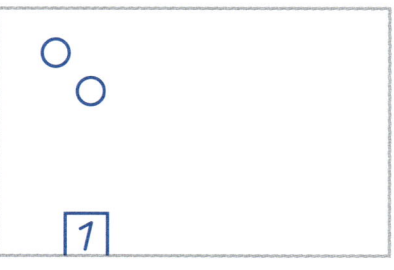

$16 : 4 =$ ☐ $24 : 3 =$ ☐ $18 : 2 =$ ☐

14 ge**teil**t durch 3 ist gleich 4 Rest 2.

1 Ver**bin**de die Aufgabe mit dem Ergebnis.

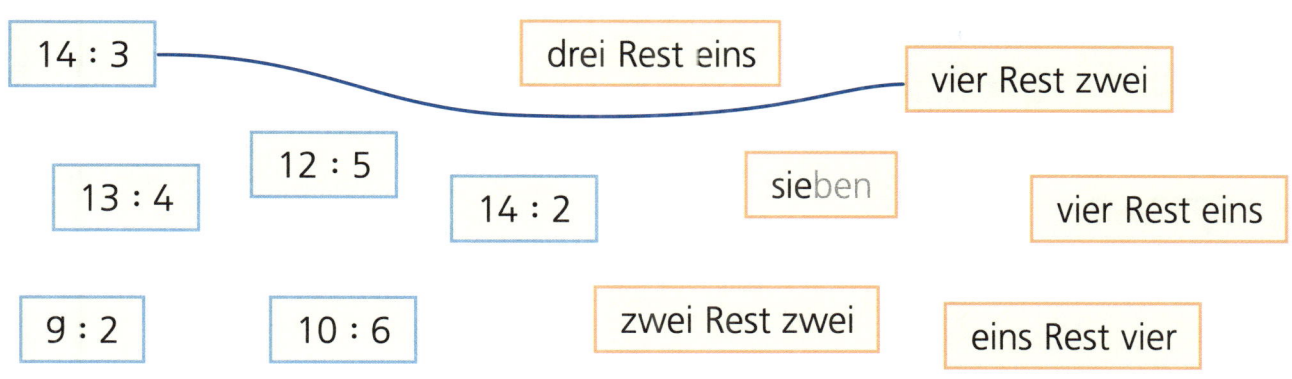

14 : 3   drei Rest eins   vier Rest zwei

13 : 4   12 : 5   14 : 2   sie**ben**   vier Rest eins

9 : 2   10 : 6   zwei Rest zwei   eins Rest vier

2 Rech**ne**.

acht**zehn** ge**teil**t durch 3 = ☐

15 : vier = ☐ _____ ☐

vier**und**zwan**zig** : 5 = ☐ R ☐

9 : drei = _____

40 ge**teil**t durch 10 = _____

10 ge**teil**t durch vier = ☐ R ☐

3 Rech**ne** plus, minus, mal o**der** ge**teil**t. Er**gän**ze das Ergebnis als Wort o**der** als Zahl.

26 + 14 = _____

drei mal 11 = ☐

37 − 12 = _____

null plus null = ☐

10 · vier = _____

sech**zehn** ge**teil**t durch 2 = ☐

19 mi**nus** sieb**zehn** = _____

hund**ert** minus 50 = ☐

zwan**zig** : vier = _____

sech**zehn** plus 56 = ☐

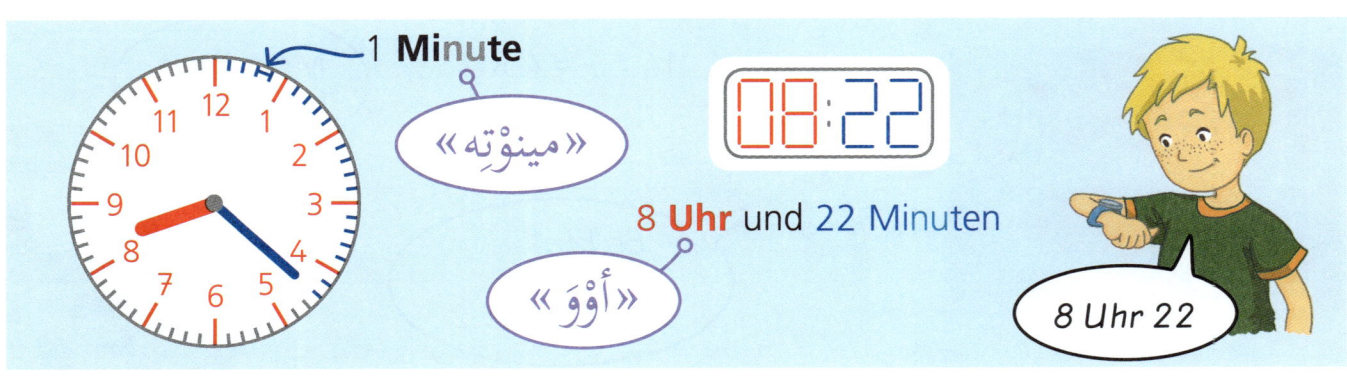

1 Minute

«مِينوْته»

08:22

8 Uhr und 22 Minuten

«أُوْوَ»

8 Uhr 22

1 Verbinde die Uhren mit den passenden Uhrzeiten.
Ergänze die Uhrzeit.

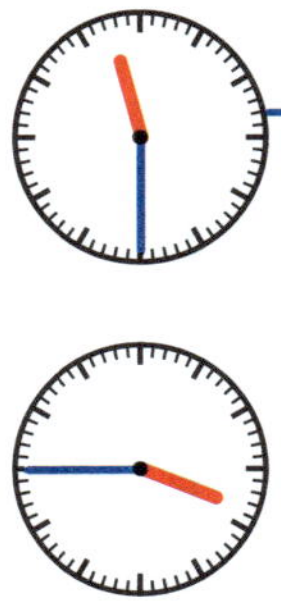

20:09

17:58

drei Uhr und _____ Minuten

siebzehn Uhr und _____ Minuten

_____ Uhr und dreißig Minuten

_____ Uhr und neun _____

08:05   08:15   08:30   08:45   08:52

«ناخ»

«فِيْرِتِل»

«هالْب»

«فِيْرِتِل»

«فوا»

5 **nach** 8

Viertel
nach 8

halb 9

Viertel
vor 9

8 **vor** 9

2 Bilde Uhrzeiten.

Viertel nach zehn   *10:15*

Viertel	halb
vor	nach	fünf
zehn	neun

_____   _____

_____   _____

_____   _____

Zeitspannen

Wie lange dauert es von 15.23 Uhr bis 15.31 Uhr?

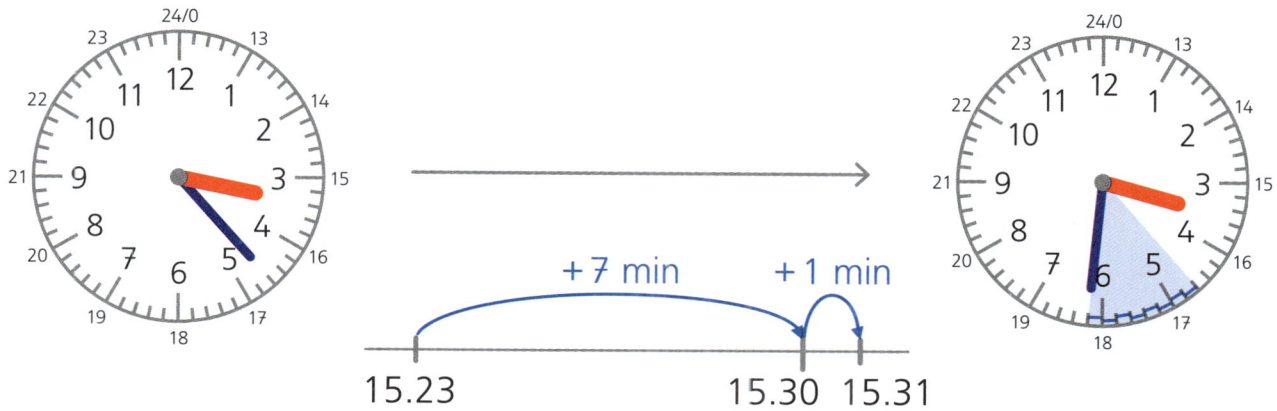

Von 15.23 Uhr bis 15.31 Uhr dauert es 8 Minuten.

---

1 Wie lange dauert es?

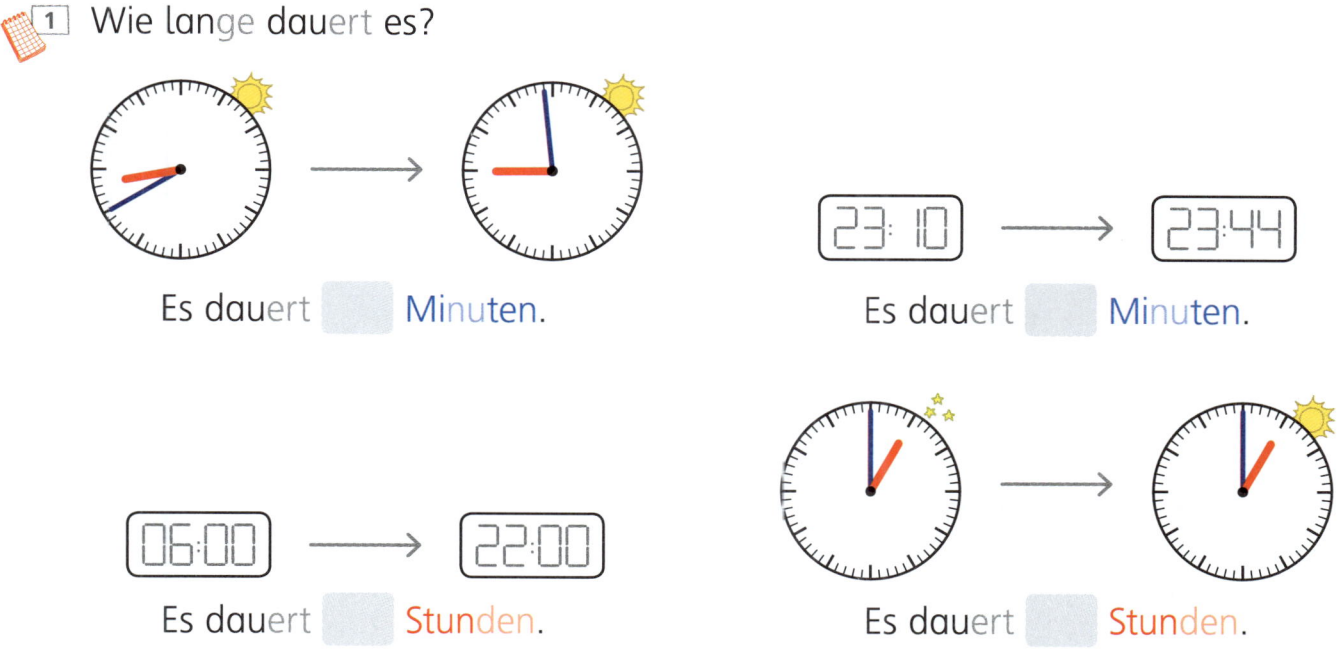

Es dauert ⬜ Minuten.

Es dauert ⬜ Minuten.

Es dauert ⬜ Stunden.

Es dauert ⬜ Stunden.

---

2 Ergänze die Uhrzeiten und Zeitspannen.

Anfang	Dauer	Ende
acht Uhr	⬜ Stunden	dreizehn Uhr
sechs Uhr zwanzig	10 Minuten	_____
siebzehn Uhr	⬜ _____	dreiundzwanzig Uhr
neun Uhr zehn	⬜ _____	Viertel vor zehn

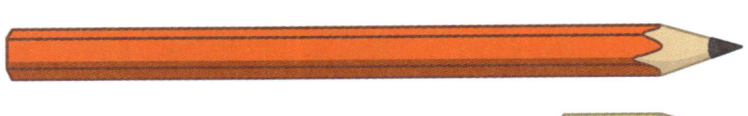

Der Bleistift ist **lang**.  «لانْغ»

Der Bleistift ist **kurz**. «كورْتْس»

1 Lang oder kurz?

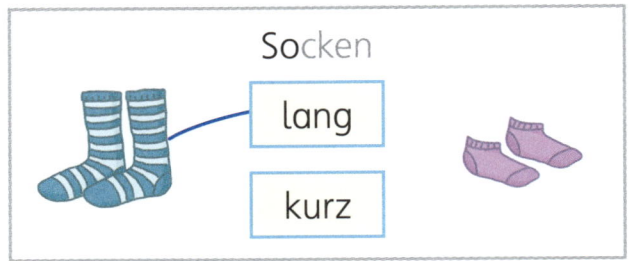

Socken
lang
kurz

Beine
lang
kurz

Ärmel
lang
kurz

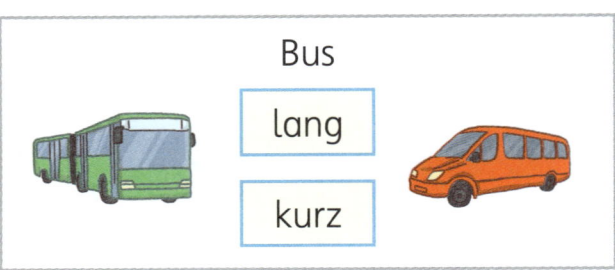

Bus
lang
kurz

Das **rote** Rechteck ist **länger als** das **gelbe**.

«لِنْغا أَلْس»

Das **gelbe** Rechteck ist **kürzer als** das **rote**.

«كِورْتْسا أَلْس»

Das **blaue** und das **gelbe** Rechteck sind **gleich lang**.

«غلایْش لانْغ»

2 Ergänze die Sätze.

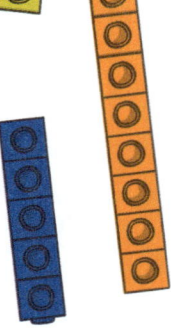

Die grüne Stange ist **6** Würfel lang.

Die blaue Stange ist ☐ Würfel _____ .

Die orange Stange ist _____ _____ die gelbe Stange.

Die blaue Stange ist _____ _____ die rote Stange.

Die _____ und die _____ Stange sind gleich lang.

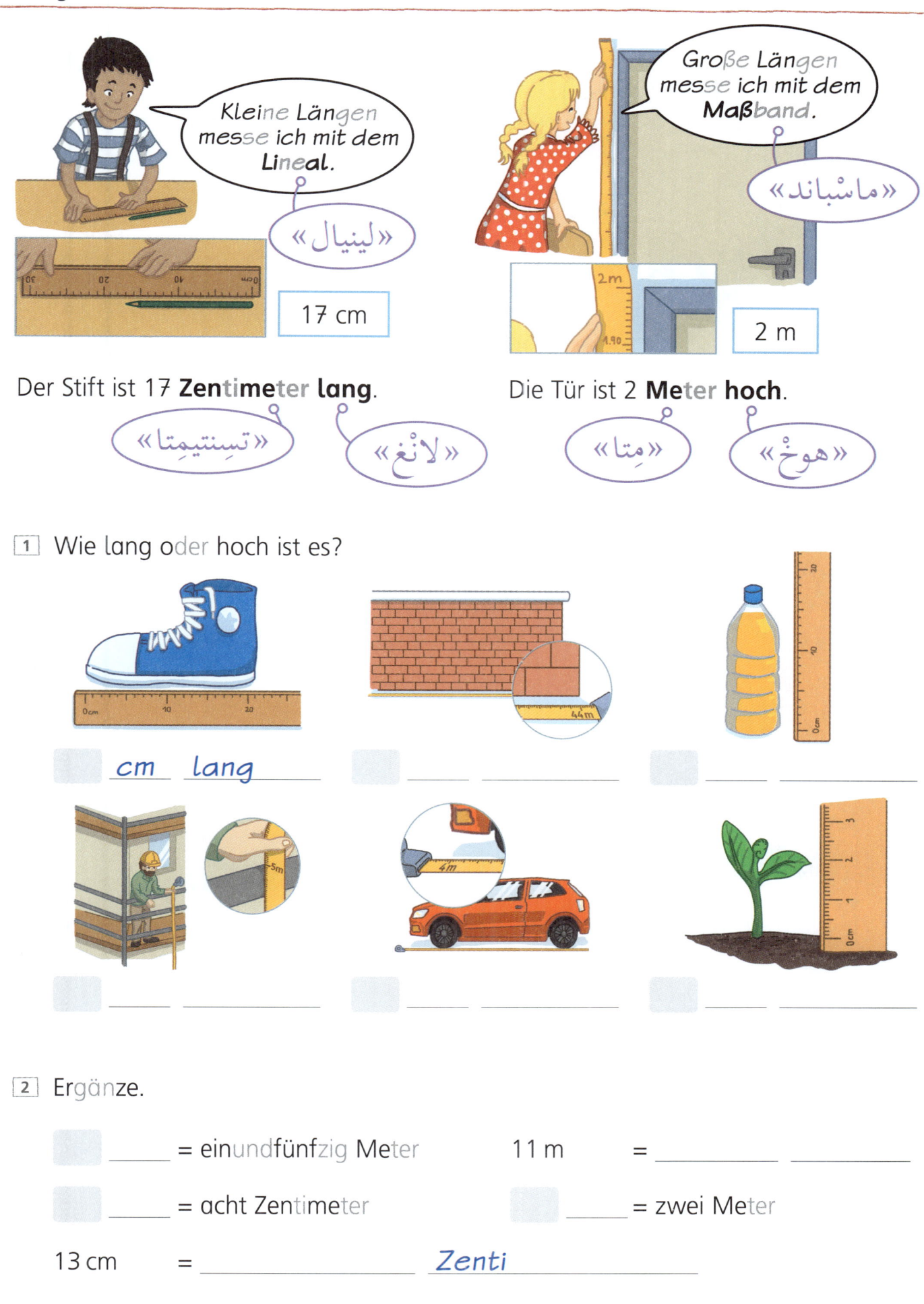

Kleine Längen messe ich mit dem **Lineal**.

«لينيال»

17 cm

Große Längen messe ich mit dem **Maß**band.

«ماسْباند»

2 m

Der Stift ist 17 **Zentimeter** lang.

«تِسِنْتيمِتا» «لانْغ»

Die Tür ist 2 **Meter** hoch.

«مِتا» «هوخْ»

1 Wie lang oder hoch ist es?

_____ cm   lang _____

_____   _____

_____   _____

_____   _____

_____   _____

_____   _____

2 Ergänze.

_____ = einundfünfzig Meter   11 m = _____ _____

_____ = acht Zentimeter   _____ = zwei Meter

13 cm = _____ Zenti_____

70 cm = _____ _____

Symmetrieachse

1 Symmetrisch oder unsymmetrisch?

symmetrisch

unsymmetrisch ✗

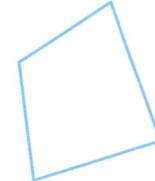

symmetrisch

unsymmetrisch

symmetrisch

unsymmetrisch

symmetrisch

unsymmetrisch

symmetrisch

unsymmetrisch

2 Ergänze, zeichne und rechne.

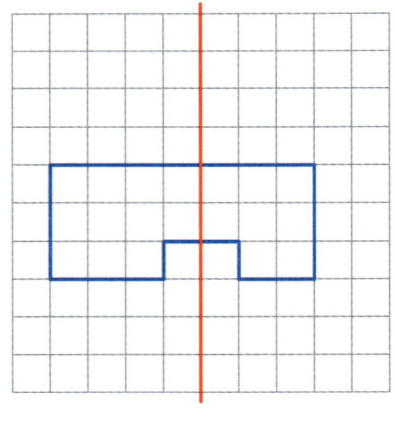

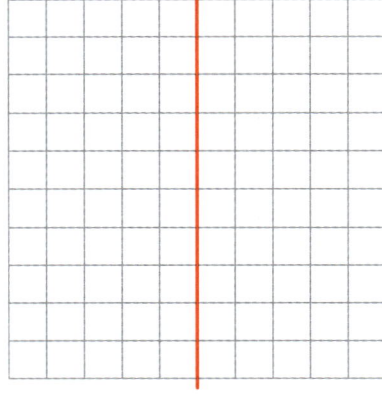

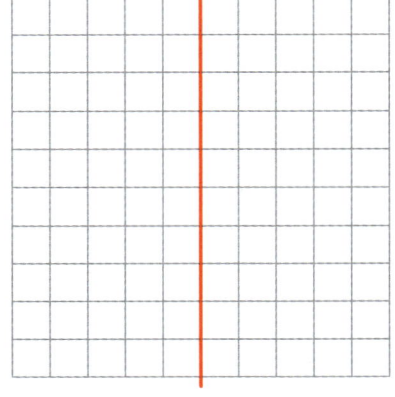

unsymmetrisch	symmetrisch	
11 + 8		*24 + 24*
neunzehn	*dreißig*	